EIN TAG OHNE KARTOFFELSALAT

ist kulinarisch betrachtet ein verlorener Tag

Unsere
100 liebsten
Kartoffelsalat-
variationen

Mit geräucherter Gänsebrust

Kartoffel-Spinat-Salat

Mit Schwarzwälder Käse

Mit flambiertem Munsterkäse

Mit Spargel und Würstchen

Aus gaaanz alten Kartoffeln

Thailändischer Kartoffelsalat

Mit Kerbel und Erbsen

Mit Käferbohnen

REZEPTE

EIN TAG OHNE KARTOFFELSALAT IST KULINARISCH BETRACHTET EIN VERLORENER TAG.

Seit Jahren behaupten wir (vor allem Moritz) das mit größtem Nachdruck und Vergnügen!

Wann genau diese Aussage entstand, wissen wir nicht. Es ist uns nicht einmal in Erinnerung, wann und wie die große Liebe zum Kartoffelsalat bei uns beiden begonnen hat. Sie wird sich wohl ganz allmählich entwickelt haben, zunächst in der alltäglichen Praxis, ehe sie sich ins Bewusstsein einschleichen und reflektiert werden konnte und schließlich fest verankert hat. Und wir haben keine Ahnung, wann genau der Gedanke aufkam, ein Buch ausschließlich über Kartoffelsalate zu machen. Sicher ist nur, dass Moritz seit Langem behauptet, „Meine 10.000 liebsten Kartoffelsalate" veröffentlichen zu wollen, aber keinen Verlag dafür zu finden. Ein Projekt, das er halb ernsthaft anpries, freilich wissend, dass es so kein(e) Verleger(in) realisieren würde – nicht nur, weil es zu umfangreich, sondern vor allem langweilig werden würde, da es mit immer wieder nur minimalen Änderungen innerhalb von Rezeptgruppen auskommen müsste. Wir haben jedoch jahrelang damit kokettiert und wissen daher, dass sich viele Freunde, Kochschüler und Fans unserer Sendung auf solch ein spezielles Buch von uns freuen würden. Und weil sich Martina von Moritz Vorliebe schon seit Langem anstecken ließ, haben wir sofort den Gedanken unseres Verlegers Ralf Joest aufgegriffen, uns auf unsere 100 liebsten Kartoffelsalate zu beschränken; allerdings mit der Hintertür, auch Vorschläge zu Abwandlungen anzubieten, um so doch fast unendlich viele Varianten von Kartoffelsalaten zu ermöglichen.

Tatsächlich gibt es nur ganz, ganz wenige Menschen, die keinen Kartoffelsalat mögen! Dabei ist es erstaunlich, wie sehr fast alle an die ganz bestimmte Zubereitung eines Kartoffelsalats gebunden sind. „Jeden Tag könnte ich Kartoffelsalat nicht essen!", meinen die allermeisten und denken an „den" Kartoffelsalat, also den einzigen, den sie kennen oder gern mögen, dessen Zubereitung sie als perfekt ansehen und der daher quasi sakrosankt ist. So manche schwäbische Hausfrau dürfte schon die Hände über dem Kopf zusammengeschlagen haben, wenn wir in unserer TV-Sendung die Eintönigkeit eines ansonsten in ihren Augen „korrekten" Kartoffelsalats mit dem Grün von gehackter Petersilie oder Schnittlauch brachen. Und sogar einen befreundeten Sternekoch haben wir verblüfft, indem wir noch fein geschnittenes Basilikum und Würfelchen von roter Paprika mit etwas Knoblauch unter den von ihm bereits als fertiggestellt erklärten Salat mischten.

Was wäre unsere europäische Küche, müssten wir heute ohne Amerikas Naturprodukte auskommen? Unvorstellbar ohne Kakao und Schokolade, Tomaten, Paprika und Chili, Bohnen, Mais und Maniok, Kürbis, Avocado, Quinoa. Vor allem aber: ohne Kartoffeln!

Es soll Leute geben, die Kartoffelsalat schätzen, ohne ansonsten Kartoffeln selbst zu lieben. So richtig können wir uns das allerdings nicht vorstellen, denn die Säure eines Kartoffelsalats fügt dem zwar komplexen, aber nicht akzentuierten und daher gefälligen Geschmack von Kartoffeln ein Element hinzu, das einer ungeübten Zunge nicht selbstverständlich gefällt. Der kindliche Gaumen verlangt eher runde, weiche, süße und fette Fülle, erst ein ausgebildeter, kultivierter Geschmackssinn erfreut sich an erfrischender Säure und bitteren Geschmacksnoten. Beginnen wir also mit der Kartoffel an sich.

In Deutschland galt die Kartoffel seit ihrer massenhaften Verbreitung im 18. Jahrhundert als wichtigste Sättigungsbeilage. Daran war bekanntlich Friedrich der Große listenreich beteiligt, indem er seine Kartoffeläcker von Soldaten bewachen ließ, sodass die gemeine Bevölkerung glaubte, es handele sich um etwas Wertvolles, das zu stehlen sich lohnt. Was dann auch tatsächlich der Fall war, denn unter sich verschlechternden klimatischen Bedingungen konnte immer weniger Getreide geerntet – vor allem auf den kargen Sandböden und in den Mittelgebirgen – und die wachsende Bevölkerung von Brot oder Getreidebrei in vielen Landstrichen nicht mehr satt gemacht werden. Die mehlige, kalorienreiche Kartoffel war das Ideal, für sie wurden Hunderte von Rezepten entwickelt.

In anderen, klimatisch begünstigteren Gegenden genoss die Kartoffel einen anderen Stellenwert, wurde als ein Gemüse unter vielen angesehen. Das erlaubte fantasiereichere Zubereitungen und vor allem auch den Anbau von den weniger stärke-, also weniger energiereichen, den festkochenden Kartoffelsorten – und damit auch die Zubereitung von Salat, in dem nämlich diese festkochenden Kartoffeln als Scheiben schön erhalten bleiben. In älteren deutschen Kochbüchern findet man meist nur ein oder zwei Rezepte für Kartoffelsalat – in Nord- und Westdeutschland eher mit Mayonnaise, in Süddeutschland mit Essig und Öl. Und zwar stellte man ihn früher fast ausschließlich aus am Vortag gekochten (also Resten) her, erst in jüngerer Zeit lieber aus frisch gekochten, lauwarm abgekühlten Kartoffeln.

Martina, geboren in Stuttgart, in die Grundschule gegangen in Kaiserslautern und aufs Gymnasium in Mannheim, wuchs mit Nudeln, Spätzle und Maultaschen sowie Kartoffelgerichten aller Art auf: Zu väterlich-schwäbischen Nudelleibgerichten kam die mütterlich-norddeutsche Kartoffelküche mit wunderbar vielseitigen Rezepten. Kartoffelsalat gehörte nicht dazu.

Pellkartoffeln waren hingegen Grundlage der eher frugalen Mahlzeiten im kinderreichen Haushalt. Dazu gab's die berühmte „Sauce aus nix“:

Zwiebeln und Knoblauch angedünstet, mit Brühe aus Frugola (gekörnt, aus dem Reformhaus) abgelöscht, mit etwas Stärke cremig gekocht und mit vielen Kräutern aus dem Schrebergarten verrührt. Das sah schön grün aus, schmeckte würzig und Martina und ihre drei Brüder mochten das gern.

Fleisch kam selten auf den Tisch, der gesundheitsbewusste Vater lehnte es ab, „Kadaver“ zu essen. Aber es war sowieso nicht genug Geld dafür im Haus. Ein besonderes Lieblingsgericht war „Blumenkohl mit seiner luftigen Sauce“: Blumenkohlkochsud, mit der klassischen Mehlschwitze durchgekocht, mit Eigelb gebunden und zum Schluss mit dem steif geschlagenen Eischnee aufgelockert. Gewürzt mit viel Muskat und Zitronensaft, war das eine wunderbar schaumig-cremige Sache, in der die Kinder – wenn Großmama nicht mit strengem Blick funkelte – die Pellkartoffeln mit der Gabel „zerditschten“. Wenn man so will, dank der Zitronensäure auch eine Art Kartoffelsalat.

Moritz, aufgewachsen auf dem Apfelgut am Ostrand des Nordschwarzwalds, liebte Salzkartoffeln und Kartoffelpüree, während sein Bruder Nudeln bevorzugte. Glücklicherweise mochte die Mutter beides, weshalb sie täglich zwei Beilagen, nämlich Kartoffeln und Pasta (Eiernudeln, Spaghetti oder Spätzle) auftischte. Einmal die Woche gab's allerdings Reis, meistens als süßes Hauptgericht. Sowohl Kartoffeln wie Nudeln wurden stets reichlich aufgesetzt, sodass für die nächste Mahlzeit ein Grundstock gelegt wurde – im Eintopf, Pudding, Auflauf, Gratin oder für Bratkartoffeln. Nur selten gab's daraus (süddeutschen) Kartoffelsalat, etwa am Freitag zu gebackenem Fisch oder am Samstag zu Würstchen. Mayonnaise spielte als Zutat nur für eine Remouladensauce zu Fleischresten eine Rolle. Goldtaler, aus rohen Kartoffelscheiben langsam geröstete Bratkartoffeln und Pommes frites hingegen, selbstverständlich frisch geschnitten und frittiert, waren für die ganze Familie Lieblingsgericht an Feiertagen. Kartoffelknödel halb und halb (roh geriebene und gekochte miteinander vermischt) wurden Moritz' novemberliches Geburtstagswunschessen mit Sauerbraten und dem ersten Feldsalat des Jahres. Die gezwiebelte Essig-Öl-Sauce des Salats träufelte er sich reichlich über die aufgerissenen Knödel. Immer gab es nämlich frisch aus dem Garten geholten Kopf-, Endivien- oder anderen Blattsalat zum Essen und so bereitete Moritz sich schon als Kind seinen eigenen „Salat“ zu, indem er von der Vinaigrette, die oft mit frischen Kräutern angereichert war, etwas über die zerdrückten Kartoffeln schöpfte. Daraus entwickelte sich wohl seine Vorliebe für lauwarme Kartoffelsalate mit Kräutern. Und wurde sicherlich auch schon die Basis gelegt für die Erkenntnis, dass ein Tag ohne Kartoffelsalat kulinarisch betrachtet ein verlorener Tag ist.

KARTOFFELSALATE - UNSER THEMA MIT VARIATIONEN

Die Kartoffel ist wohl das vielseitigste aller Grundnahrungsmittel: Sie schmeckt schon, wenn man sie einfach kocht wie Reis oder grillt wie Mais.

Während Weizen zu Mehl vermahlen werden muss, damit man daraus vielerlei Teigarten und dann Nudeln, Brot, Gebäck oder Kuchen herstellen kann, lassen sich Kartoffeln roh oder gekocht zu Klößen und Bratkartoffeln, zu Püree oder Salat verarbeiten oder rohe Schnitze zu Pommes frites herausbacken. Und jede dieser Zubereitungsarten bietet eine mindestens ebenso große Vielzahl von Paarungsmöglichkeiten wie Brot, Nudeln oder Reis.

Aber nichts ist vielseitiger und interessanter abzuwandeln als ein Kartoffelsalat, denn schon die Basis, nämlich die Kartoffeln selbst, kann für unendlich viel Abwechslung sorgen: Die vielen höchst unterschiedlichen Sorten bieten ausgeprägtere geschmackliche und texturelle Akzente, als es verschiedene Reissorten oder Nudelformen je können.

Wenn wir uns so ausdrücklich für Kartoffelsalat begeistern, meinen wir freilich nicht jene einfallslosen Salate, wie sie in vielen Wirtshäusern und Schnellrestaurants serviert werden: nur noch selten selbst gemacht, sondern aus dem großen Eimer geschöpft, industriell hergestellt, speziell für die Gastronomie. Wir meinen auch nicht die mayonnaisigen Fertigsalate, die vorzugsweise in Seniorenheimen und Krankenhäusern mehrere Tage herumstehen, um bei geschwächten Personen eine schnöde Salmonellenvergiftung hervorzurufen. Nein, wir lieben den natürlich jeden Tag frisch und immer wieder anders zubereiteten Kartoffelsalat und nur von diesem sprechen wir. Nicht mit synthetisch hergestellter Essigessenz und billigstem, raffiniertem Pflanzenöl angemacht, sondern mit anständigem aromatischem Gärungsessig, frischen Kräutern, kalt gepresstem Öl und allen nur erdenklichen Würzzutaten.

Unserer guten alten Kartoffel sei kulinarischer Dank, dass sie sich eigentlich mit allem verträgt, wenn man nur richtig dosiert und kombiniert: mit rohem und gekochtem Gemüse, natürlich mit jeglichen Kräutern und Gewürzen, den verschiedensten Essigsorten und Ölen, mit Fleisch, Wurst, Geflügel, Wild und Innereien, mit Fisch, Garnelen und anderen Meeresfrüchten ... Wer zweimal im Jahr (oder sogar im Leben) den gleichen Kartoffelsalat isst, meinen wir, ist selber schuld.

Grundsätzlich sollten die Kartoffeln für Salat frisch gekocht sein. Und zwar immer in der Schale, die erst unmittelbar vor der Salatzubereitung entfernt wird, damit die Oberfläche nicht antrocknen kann und hart wird. Außerdem ist es einfacher und schneller, die Pelle von den garen Kartoffeln abzuziehen, als rohe Kartoffeln zu schälen – ganz abgesehen vom größeren Abfall, der dann anfällt. Die Schale schützt ihren Inhalt perfekt. Deshalb ist es überflüssig, das Kochwasser zu würzen: kein Salz, kein Kümmel, kein sonst was, auch kein Liebstöckelblatt – es schadet nicht, aber es nützt auch nichts. Wichtiger ist, die Kartoffeln nicht in Wasser zu ertränken, in dem womöglich aufgeplatzte Kartoffeln schwammig werden – es genügt, wenn das Wasser zwei-, dreifingerhoch im Topf steht, dessen Deckel freilich gut schließen sollte. Alles, was darüberragt, gart schnell und gut im Dampf, der sich im Topf bildet. So spart man Energie und Zeit – viel Wasser braucht auch viel länger, bis es kocht: eine Binsenweisheit!

Natürlich kann man Kartoffeln auch im Dampfgarer oder im Schnellkochtopf kochen. Allerdings lässt sich im normalen Kochtopf der Garzustand besser kontrollieren. Dafür am besten nach der je nach Größe angenommenen Garzeit (Richtlinie 25–30 Minuten für mittelgroße Knollen) mit einem spitzen Messer einstechen: Das Messer muss wie in zimmerwarme Butter hineingleiten. Kaum etwas ist schlimmer als nicht ganz durchgegarte oder gar halbrohe Kartoffelscheiben in einem ansonsten perfekt abgeschmeckten Salat. Was leider immer wieder vorkommt, aus Furcht, die Scheiben könnten bei zu langer Garzeit zerfallen. Oder weil man den Widerstand sucht, den die Kartoffeln beim späteren Rädeln dem Messer bieten, der sich aber erst durch das Abbinden der Stärke beim Abkühlen entwickelt. Nein, Kartoffeln müssen stets ganz weich gekocht werden! Bei vorwiegend festkochenden Kartoffeln ist ein leichtes Aufplatzen ein guter Indikator für den richtigen Garmoment, für mehligkochende Kartoffeln gilt das allerdings noch nicht. Deshalb ist die Kontrolle des Anstechens immer zu empfehlen.

Weil die Kochzeit und die beste Zeit zum Rädeln oder Zuschneiden der Kartoffeln bei den verschiedenen Sorten unterschiedlich lang ist oder sein kann, haben wir die Kochzeit bei den Rezepten nicht angegeben und nur dann in die Zubereitungszeit integriert, wenn während des Kochens und Abkühlens andere Arbeiten für dieses Rezept anfallen oder vorgenommen werden können.

Im Allgemeinen empfiehlt man für Kartoffelsalate eine festkochende oder vorwiegend festkochende Sorte (siehe Seite 28 ff.). So behalten zum Beispiel die festkochenden Salatkartoffeln Sieglinde oder Selma immer perfekt ihre Form, platzen beim Garwerden selten auf, schon nach kurzem Abkühlen beginnt die in ihnen enthaltene Stärke abzubinden, sodass die Scheiben beim Schneiden perfekt erhalten bleiben. Sehr festkochende, genannt „speckige“, Salatkartoffeln (Bamberger Hörnla, Kipfler) bleiben sogar in Form, wenn man sie noch heiß in Scheiben schnibbelt.

Bei den vorwiegend festkochenden Sorten, die beim Garwerden leicht aufplatzen, ist es besser zu warten, bis sie so weit abgekühlt sind, dass man sie gut anfassen kann – abgegossen etwa eine halbe Stunde im offenen bis eine ganze Stunde im geschlossenen Topf. Auf diese Weise kann man den richtigen Moment, wann man den Salat fertigstellt, selbst bestimmen. Das ist vor allem dann zu beachten, wenn der Salat vor dem Servieren nicht mehr

Die dümmsten Bauern haben die dicksten Kartoffeln, heißt es sprichwörtlich. Doch die klügsten haben die besten: Nur mit wohlüberlegter Sortenwahl, intelligenter Pflanzung und Düngung, behutsamer Pflege und Ernte kann man Spitzenqualität erzeugen.

lange stehen darf, weil etwa die Kräuter sonst in seiner Wärme zusammenfallen und Zutaten oxidieren und dadurch ihren Geschmack verändern oder gar ungesund werden könnten.

Mehlig festkochende oder gar mehlige Kartoffeln, bei denen sich die Schale gern in großen Partien mit anhaftendem Kartoffelfleisch ablöst, sollte man noch weiter abkühlen lassen, etwa bis sie zimmerwarm sind. Sie sollten aber auf keinen Fall länger gestanden und vollständig abgebunden haben, sonst können sie die Marinade nicht mehr schön aufsaugen. Also nicht mehr als zwei Stunden, wenn im Salat die Scheiben erhalten bleiben sollen – und ein vorsichtiges Umwenden ist immer geboten!

Ein Trick, wie man trotzdem noch mit kalten Kartoffeln einen richtig saftigen Kartoffelsalat hinkriegt: Die in Scheiben geschnittenen Kartoffeln mit kochend heißer Brühe benetzen und vorsichtig, aber gründlich mehrmals umwenden und dann eine Weile einziehen lassen. Ganz schnell funktioniert das in der Mikrowelle: Die Kartoffelschüssel abgedeckt für eine Minute hineinstellen, auf stärkster Stufe einwirken lassen. Das ist für kalte Kartoffeln ein wahrer Jungbrunnen.

Ebenso verfährt man mit bereits am Vortag gekochten und übrig gebliebenen Salzkartoffeln. Man muss sie allerdings bis dahin in einem geschlossenen Gefäß oder mit Klarsichtfolie abgedeckt aufbewahren, sonst trocknet die Oberfläche aus, wird fest und zäh und bekommt harte Kanten. Das lässt sich leider nicht mehr rückgängig machen – und gewiss wird kein genussreicher Salat mehr daraus.

Freilich ist das traditionelle Ideal der sauber ausgeprägten Scheiben im Kartoffelsalat längst nicht mehr so bedeutend: Handwarm oder lauwarm angemacht und serviert, schmeckt Kartoffelsalat immer besser als vollkommen abgekühlt. Deshalb nehmen wir gern in Kauf, dass die Scheiben auseinanderfallen oder gar zermusen. Sieht vielleicht nicht perfekt aus, überzeugt aber im Geschmack. Wir setzen in unseren Rezepten manchmal sogar ganz bewusst eine breiige Vermischung ein, um ein Anschmelzen der Zutaten und ein Verschmelzen der Aromen zu erzielen – etwa bei einem Salat mit Schinken, Sülze oder Ochsenmaul, dessen Fett oder gelatinöse Bindung in der Kartoffelwärme wunderbar zergeht.

Wenn Sie den Salat heiß anmachen, brauchen Sie allerdings viel mehr Flüssigkeit in der Marinade als mit kalten Kartoffeln. Kartoffeln sind, frisch gekocht, geradezu notorische Säufer. Damit Ihr Salat zwar saftig, aber nicht zu sauer oder zu ölig-schwer wird, empfehlen wir, zunächst etwas Fleisch- oder Gemüsebrühe unterzumischen, eventuell ergänzt durch einen Schuss Weißwein, trockenen Sherry (Fino oder Manzanilla) oder Apfelsaft. Wasser anzugießen empfinden wir als eine Beleidigung der Kartoffel, auch die oft empfohlene, stark mit Wasser verdünnte Essigessenz kommt für uns nicht infrage.

Kartoffeln sind vermeintlich ein einfaches Produkt. Gerade ihr schlichtes Auftreten stellt jedoch höchste Anforderungen an die ihnen im Salat beigesellten Zutaten: Sie verzeihen keine Fehlaromen, heben guten Geschmack dagegen bestens hervor.

Klar ist übrigens auch, dass ein Kartoffelsalat jeweils völlig anders schmeckt, je nachdem, in welcher Form die Kartoffeln darin verwendet werden: ob man kleine Kartöffelchen ganz lässt, mittelgroße in dünne oder dickere Scheiben, in Würfelchen oder Stäbchen schneidet, ganz große Exemplare würfelt oder gar zerdrückt ...

Neben den Kartoffeln selbst bestimmen natürlich die weiteren Zutaten Geschmack und Charakter des Salats. Nach der persönlichen (und regional geprägten) Entscheidung, ob man ihn mit Essig und Öl oder mit Mayonnaise bevorzugt, sind das die Säure, das Öl, Salz, Kräuter und Gewürze: Schon mit der Auswahl und Kombination derer Sorten und Aromen kann man tausenderlei unterschiedliche Salate zubereiten. Auf den Seiten 16–49 finden Sie einige Grundrezepte mit Varianten.

Ganz wesentlich ist zunächst, welchen **Essig** beziehungsweise **welche Säure** man verwendet – ausführlich lesen Sie hierüber auf der Seite 235.

Bedeutenden Einfluss hat natürlich das **Öl:** Auch damit lassen sich unendliche Variationen und immer wieder neue Geschmäcker erzielen. Mehr darüber auf Seite 236.

Die **würzenden Basiszutaten,** die immer wieder spielerisch und in unendlich vielen Kombinationen eingesetzt werden können, um einen grundsätzlich „einfach" zubereiteten Kartoffelsalat abzuwandeln (gleichgültig, ob mit Essig und Öl oder mit Mayonnaise angemacht) sind in erster Linie Zwiebeln, Schalotten und Knoblauch, Kräuter, Senf, Kapern, Gewürzgurken und Cornichons, aromatische Flüssigkeiten (etwa Wein, Soja-, Fisch- und Worcestersauce etc.), Gewürze wie Pfeffer, Paprika und Chili sowie Würzmischungen.

Im Prinzip gilt: Mit erstklassigen Zutaten wird ein eigentlich simpler und rasch fertiggestellter Kartoffelsalat immer zum kulinarischen Spitzenerlebnis und ist die Basis, auf der man variantenreich zu improvisieren und zu arbeiten beginnen kann. Wenn wir diese fast schlichten Salate als Pflicht betrachten, die trotz aller Vielfalt und Raffinesse im Geschmack als Beilage ihren Dienst tun, nehmen wir jene als Kür, die mit weiteren ergänzenden Zutaten wie Gemüse, Pilzen, Fisch oder Meeresfrüchten, Fleisch oder Käse zur Vorspeise, zum Zwischengericht, zum kleinen Imbiss oder sogar zur ganzen Mahlzeit werden, sich selbst genug sind und keine Beilage benötigen – höchstens Brot zum Aufwischen der guten Sauce.

Die vielfältigen Variationen und Zusammenstellungen machen wohl den größten Reiz am Kartoffelsalat aus. Wir haben die Rezepte für dieses Buch über mehrere Jahrzehnte hinweg entwickelt – eine Reihe von ihnen wurde (genauso oder in ähnlicher Form) in unseren Fernsehsendungen oder Büchern veröffentlicht. Das liegt im Kern des Themas: Lieblingsrezepte werden ja nur selten

Kartoffeln mit der Grabgabel aus dem Boden holen. Im Korb vier verschiedene Sorten: Gunda, Allianz, Belana und die rote Laura.

unbeliebt, aber immer wieder abgewandelt oder weiterentwickelt, im Charakter bleiben sie jedoch gleich. Man kann vielleicht einmal einer bestimmten Zubereitung überdrüssig werden, wenn sie zu oft auf den Tisch kommt. Da wir uns jedoch stets am jahreszeitlichen Angebot und am Angebot des Gartens (Seiten 124–125) ausrichten, passiert das bei uns selten oder nie. Schweinsöhrchen oder andere Pilze, Spargel oder Bärlauch, Basilikum und Tomaten gibt's schließlich immer nur kurze Zeit im nahen Wald oder in unserem Garten. Wir freuen uns jeweils auf ihre Saison – jedes Jahr aufs Neue. Es ist der Wechsel durch die Jahreszeiten, der unseren Speisezettel gestaltet. Und auch unsere Kartoffelsalate.

Wir wünschen Ihnen viel Spaß beim Nachkochen, Erfolg bei der Zubereitung und einen guten Appetit!

Martina und Moritz
Im Januar 2020

DIE BESTEN GRUNDREZEPTE

Regional, international und in pfiffigen Varianten.

Man unterscheidet grob zwei grundsätzlich unterschiedliche Zubereitungsarten für Kartoffelsalat: entweder mit Mayonnaise oder mit Essig und Öl. Traditionell bevorzugt man die Essig-Öl-Variante in Frankreich, in Südeuropa mit Süddeutschland, Österreich und dem Alpenraum sowie rund ums Mittelmeer (dem Raum des antiken Römischen Reiches).

Mit Mayonnaise (heute oft leichter durch Joghurt oder – was wir allerdings tunlichst vermeiden! – durch Verwendung von fertiger Salatmayonnaise) bereitet man Kartoffelsalat in Nordeuropa zu, einschließlich Großbritannien, Benelux und in Deutschland ungefähr nördlich des Mains (beziehungsweise des römischen Limes), in Osteuropa (auch den ehemals zur UdSSR gehörenden Teilrepubliken Zentralasiens), in den nördlichen Teilen Spaniens, aber auch in den arabischen und islamischen Ländern sowie in Japan. Freilich: Kartoffelsalat in Belgien ist etwas anderes als in Japan, in Tadschikistan gehaltvoller als in Italien ...

Auf den folgenden Seiten finden Sie die Basisrezepte hierzu mit grundsätzlichen Überlegungen, Tipps und Varianten.

BASISREZEPT

So zubereiteten Kartoffelsalat liebt man in Bayern und Franken, Baden und Schwaben, in der Pfalz wie in ganz Österreich, das wir, angelehnt an die Grazer Kochbuchautorin Katharina Prato, dem Kreis der süddeutschen Küche zurechnen. Man genießt ihn zu Schweinsbraten, Bratwürsten, gekochter Ochsenbrust, Maultaschen, Leberknödeln und Wiener Schnitzel. Er begleitet einfache Alltagsgerichte, etwa Wienerle oder Leberkäs, ebenso perfekt wie den Sonntagsbraten, dessen köstliche Sauce man dann über den Kartoffelsalat träufelt ... Weil schon diese Basiszubereitung aus wenigen Zutaten eine ungeheure Bandbreite an geschmacklichen Varianten erlaubt, ergänzen wir das Rezept mit Anmerkungen grundlegender Art und lassen die vier wichtigsten Basisvarianten folgen.

Zubereitungszeit: 10 Minuten + Kochzeit der Kartoffeln und 10 Minuten Ruhezeit

Für 4 Personen

750 g Salatkartoffeln
1 Tasse heiße Fleisch- oder Gemüsebrühe
Salz
weißer Pfeffer aus der Mühle
2–3 EL Essig (siehe unten)
1–3 EL Öl (siehe unten)

TIPP Soll der Salat etwas herzhafter sein, die gesalzenen und gepfefferten Kartoffelscheiben zunächst nur mit Essig besprenkeln, dann werden sie stärker von dessen Aromen geprägt. Erst danach Fleischbrühe und zum Schluss Öl zufügen – so kommt man sogar mit einer geringeren Menge Öl aus, kann also Kalorien sparen, ohne einen geschmacklichen Verlust zu erleiden. Es gibt – vor allem in Schwaben – Hausfrauen, die fügen gar kein Öl hinzu.

Kartoffeln in der Schale gar kochen, abgießen, noch warm pellen und in etwa 2 mm dicke Scheiben schneiden. In der Salatschüssel mit der Hälfte der heißen **Brühe** begießen und vorsichtig umwenden. Die Kartoffeln sollen jetzt erst mal die ganze Brühe aufsaugen. Eventuell muss schon gleich **Brühe** nachgegossen werden, denn nur junge, festkochende Salatkartoffeln werden mit der ersten Portion zufrieden sein – ausgereifte Salatkartoffeln brauchen mehr Flüssigkeit und wenn sie in sandigem Boden gewachsen sind, werden sie alles noch schneller aufnehmen. Dann mit **Salz** und **Pfeffer** bestreuen.

Nach etwa 10 Minuten 2 EL **Essig** und 1 EL **Öl** zufügen und vermischen. Jetzt löst sich Stärke von der Oberfläche der Kartoffelscheiben – weil von der Brühe aufgeweicht – in der Salatsauce und gibt ihr eine leicht sämige Bindung. Der Kartoffelsalat sollte nun herrlich saftig sein, schlonzig, wie die Schwaben, oder schlunzig, wie die Bayern sagen. Manche meinen, er schmatzt oder schwätzt beim Umwenden.

Tut er das nicht, ist er zu trocken und Sie müssen ihn mit weiteren **Brühegaben** zum Reden bringen und nach Gusto auch mit **Essig** und **Öl** nachhelfen. Es ist ja ein vollkommen persönliches Empfinden, wann der Kartoffelsalat ausreichend gesalzen, angenehm säuerlich-erfrischend und appetitanregend und obendrein im richtigen Grad ölig ist.

TIPP Süddeutsch oder österreichisch ist es nicht, aber interessant: Wenn man grobes Salz oder Fleur de Sel mit der letzten Ölzugabe mischt und den Salat sofort nach dem Anmachen serviert, löst sich das Salz nicht auf und man erlebt die im Mund explodierenden Salzkristalle auf besonders anregende Weise.

SÜDDEUTSCHER *Kartoffelsalat*

1. Die handwarmen Kartoffeln schälen und in maximal 2 mm dicke Scheiben schneiden.

2. Brühe angießen.

3. Umwenden, die Scheiben saugen den Saft auf.

4. Salzen und pfeffern.

5. Essig und Öl zufügen.

6. Nochmals umwenden, der Salat ist saftig, glänzt durchscheinend, „schwätzt".

Flüssigkeitsmenge

Wenn Sie den Salat heiß oder warm anmachen, brauchen Sie viel mehr Flüssigkeit als mit erkalteten Kartoffeln. Die Kartoffeln sind, frisch gekocht, geradezu notorische Säufer, was sie natürlich auch für die Aufnahme verschiedenster Aromen bereit macht. Damit Ihr Salat nicht zu sauer oder zu ölig schwer wird, empfehlen wir stets, zunächst so viel Fleisch- oder Gemüsebrühe anzugießen, bis die Scheiben fast gesättigt sind. Auf das einst öfter angeratene (gesalzene) Wasser verzichten wir gern. Mit dieser Methode werden Sie mit Sicherheit einen leichteren und saftigeren klassisch-süddeutschen Salat erzielen, als wenn Sie eine Vinaigrette fertig rühren und die Scheiben damit übergießen. In vielen unserer komplexer komponierten Salate hingegen ist das möglich. Die sind dann aber alles andere als typisch süddeutsch.

Ölsorte

Für welches Öl Sie sich entscheiden, ist Ihrem persönlichen Geschmack überlassen. Meist nimmt man geschmacksneutrales Öl (Raps-, Sonnenblumen-, Erdnussöl), wir allerdings verwenden fast immer Olivenöl – je nachdem, ob der Salat noch weiter gewürzt wird und/oder was er zu begleiten hat, von mildem ligurischen über ein kräftiges aus südlichen Gefilden bis zum scharf-bitteren toskanischen Olivenöl. Klar, dass ein besonders würziger Essig, ein Zusatz von Zwiebeln oder Knoblauch, Kräutern oder Gewürzen auch die Wahl des Öls beeinflusst.

Essigsorte

Welchen Essig (oder andere Säure) man nimmt, ist ebenfalls von entscheidender Bedeutung. Viele Menschen begnügen sich hier mit einfachsten Qualitäten, oft zubereitet mit verdünnter Essigessenz. Wir empfehlen grundsätzlich einen relativ milden, aber aromatischen Obst- oder Apfelessig aus handwerklicher Produktion. Er kommt mit 5 % Säure aus, weshalb seine Dosierung einfacher ist als mit 6- oder mehrprozentigem Weinessig. Natürlich kann man Weinessig mit Wasser verdünnen, aber das verwässert nicht nur seine Stärke, sondern buchstäblich sein Aroma. Lieber auf die bereits zugefügte Brühe vertrauen. Je aromatischer, intensiver und saurer der Essig, desto feinfühliger muss die richtige Menge eingesetzt werden.

Dicke der Kartoffelscheiben

Ob die Scheiben für den Salat dicker oder dünner geschnitten werden, entscheidet wesentlich über dessen Raffinesse und Geschmack. Das schwäbische Sprichwort bringt es auf den Punkt: „Dicke Rädle, faules Mädle.“ Je feiner die Scheiben, desto feiner der Geschmack und die Haptik des Salats. Sind die Scheiben zu dick, wirkt er zu plump. Als Idealmaß kann man eine Scheibenstärke von etwa 2 mm ansehen.

Zu dünn können solche Scheiben nur bei heißen oder mehligkochenden Kartoffeln sein, da sie sich dann vollkommen auflösen und zu Brei werden können. Die Stärke beginnt schon etwa 15 Minuten nach dem Abgießen abzubinden, dann bewahren auch dünn geschnittene Scheiben beim Umwenden weitgehend ihre Form, saugen einerseits Flüssigkeit auf und geben andererseits (besonders unter Einfluss der heiß angegossenen Brühe) noch genügend Stärke ab, um das Dressing anzudicken.

TIPP Haben Sie bisher Zwiebeln und Kräuter oder andere würzende Zutaten vermisst? Unser Grundrezept ist in höchstem Maße aufnahmewillig. Auf den beiden folgenden Doppelseiten finden Sie vier Basisvarianten, aus denen sich wieder weitere Würzmöglichkeiten entwickeln lassen. Beachten Sie hierzu unsere Ausführungen auf der Seite 234 ff.

TIPP Die Wahl der Kartoffelsorte hat, wie auf der Seite 28 ff. ausgeführt, natürlich größten Einfluss auf das Gelingen des perfekten Dressings und den Geschmack. Auch die Farbe spielt eine Rolle: Eine schön goldgelbe Sorte sieht im Salat einladender aus als eine langweilig weiße.

VARIANTEN

Kartoffelsalat und Kräuter

Mindestens 98 % aller süddeutsch zubereiteten Kartoffelsalate müssen ohne grüne Zutaten auskommen – für optische Anreize sorgen höchstens neben dem Salat platzierte Tomatenspalten sowie ein Petersilienbüschel. Wenn's ganz hoch kommt, streut man in die Mitte des Salats etwas gehackte Petersilie oder Schnittlauchröllchen. Wir hingegen lieben frische Kräuter und bedienen uns ihrer reichlich und differenziert. Vor allem, wenn der Kartoffelsalat nicht Bestandteil eines bunten Salattellers ist, sondern als alleiniger Begleiter dient.

Vor allem Petersilie – fast ausschließlich die krause und sehr fein gehackt – hat sich durchgesetzt, auch Schnittlauch findet man öfter. Nichts, aber auch gar nichts spricht gegen den gezielten Einsatz einzelner Kräuter – Estragon, Pimpinelle, Liebstöckel, Brunnen- oder Gartenkresse, Bärlauch oder Vogelmiere, Basilikum, Majoran, Dill, Koriander oder Kerbel, überlegt abgestimmt auf den Geschmack der zu begleitenden Gerichte. Auch Kräutermischungen eignen sich bestens, etwa die für Frankfurter Grüne Sauce. Nur mit Borretsch und Sauerampfer muss man aufpassen, denn die werden schnell unansehnlich grau – also immer nur unmittelbar vor dem Servieren in einen vollkommen abgekühlten Salat mischen.

Wie viele Kräuter passen in einen Kartoffelsalat? Für eine zarte Anrichtung – etwa zu gedämpftem Fisch – mag ein Hauch genügen, für die Begleitung von Fleisch, zu heißer Lyoner, Fleischwurst oder Leberkäs dürfen es auch ein, zwei Hände voll sein. Unser Rat: Seien Sie mutig!

Kartoffelsalat und Zwiebeln

Einst galt es fast als Sakrileg, den reinen Kartoffelsalat mit Zwiebelaroma zu verhunzen. Heute hingegen würzt man allgemein gern mit Zwiebel, wobei wir uns je nach gewünschter Intensität unterschiedlicher Möglichkeiten bedienen. Wunderbar zart schmecken Frühlingszwiebeln, weich und süß junge weiße Zwiebeln, elegant die saftigen Cipolle di Tropea aus Süditalien, mild die hellvioletten Roscoff-Zwiebeln aus der Bretagne, etwas rezenter die heimischen blauen Sorten, feinwürzig violette oder graue Schalotten und eher kräftig-beißend unsere einfache braungelbe Haushaltszwiebel. Sanfter fällt eine Beigabe von Schnittlauch aus – womit wir aber wieder im linken Abschnitt wären.

Empfindliche Naturen blanchieren die gewürfelten Zwiebeln, Menschen mit robusterer Verdauung ziehen sie roh vor – wir gehören eindeutig zu den Letzteren. Wichtig ist immer, dass die Zwiebeln gleich nach dem Kleinschneiden oder Hacken dem Salat zugefügt werden und dieser alsbald verzehrt wird. Nur Weniges schmeckt übler und oller als oxidierte Zwiebeln!

Dabei ist es gleichgültig, welche Intensität die Zwiebeln haben und in welcher Form man sie zufügt. Man kann schon mit sehr wenig Zwiebel einen Hauch würziger Frische erzielen, wenn man sie auf der Microplane-Reibe mehr abhobelt als reibt und in die Sauce mischt. Und klar: Je feiner die Zwiebeln geschnitten werden, desto eleganter und edler ist der Salat.

Kartoffelsalat **MIT ZWIEBELN**

Kartoffelsalat **MIT KRÄUTERN**

KALT ANGEMACHTER
Kartoffelsalat

Kartoffelsalate
UND GEWÜRZE

VARIANTEN

Kalt angemachter Kartoffelsalat

Sind die Kartoffeln ganz abgekühlt, womöglich vom Vortag, hat die Stärke fast vollkommen abgebunden. Die Kartoffeln sind fest und kompakt geworden, die unmittelbar nach dem Kochen frei verfügbare und kalorienreiche Stärke hat sich zur unverdaulichen, sogenannten resistenten Stärke umgewandelt. Die Scheiben bleiben beim Umwenden ganz – ein Effekt, den man gern in der Gastronomie nutzt, weil der Salat dann sauberer, ordentlicher aussieht. Allerdings geht das stets zulasten des Geschmacks und eine geschmeidig-saftige Bindung der Sauce an die Kartoffelscheiben ist schwieriger zu erreichen. Es gibt jedoch Tricks, wie man trotzdem noch mit kalten oder vortägigen Kartoffeln einen richtig saftigen Kartoffelsalat hinkriegt: Die in Scheiben geschnittenen Kartoffeln mit kochend heißer Brühe benetzen und gründlich durchmischen, dann eine Weile einziehen lassen. Beschleunigen kann man diesen Vorgang in der Mikrowelle: Die Kartoffelschüssel gut abdecken, für 1 Minute hineinstellen und auf stärkster Stufe einwirken lassen.

TIPP Gleiches gilt für Kartoffelsalat, der zunächst mit noch nicht vollkommen abgekühlten Kartoffeln angemacht und dann im Kühlschrank für die weitere Verwendung aufbewahrt wurde, was in der Gastronomie oft geschieht. Wichtig in diesem Fall: Zwiebeln immer blanchiert oder in Öl gedünstet verwenden und keine Kräuter zufügen! Letztere würden sich verfärben und die Zwiebeln unangenehm oxidieren.

Kartoffelsalate und Gewürze

Das einzige Gewürz, wenn man Salz nicht als solches betrachtet, das man in Süddeutschland am Kartoffelsalat duldet, ist Pfeffer, weißer Pfeffer, feinst gemahlen aus der Tüte. Aber bitte machen Sie es wie wir: Mahlen Sie den Pfeffer frisch aus der Mühle über die warmen Kartoffeln! Ein köstlicher Duft wird Sie belohnen ... Und dann kann es auch mal schwarzer, roter oder grüner (gefriergetrockneter) Pfeffer sein.

Da ja gern Fleischbrühe verwendet wird, darf man gewiss auch mit gekörnter Brühe oder Maggi abschmecken. Vielleicht auch mit einem Schlag Senf – je nach Geschmack mit mittelscharfem Delikatess-Senf, beißendem Dijonsenf oder einer süßsäuerlichen Variante. Fraglich ist, ob man die Salatschüssel mit Knoblauch ausreiben oder gar noch eine ganze Zehe durch die Presse hineindrücken darf – wir tun's ab und zu. Ketzerisch verwenden wir auch mal Worcestershiresauce oder Tabasco, mehr oder weniger scharfes Chilipulver, die marokkanische Gewürzmischung Ras el-Hanout, Kümmel oder Kreuzkümmel, gemahlene Dillsamen, Muskatnuss, Sardellen- oder Olivenpaste, abgeriebene Biozitronenschale, Kapern, bunte Paprikawürfelchen, frische oder getrocknete fein vermahlene Pilze, exotische Würzpasten und fermentierte japanische Saucen. Irgendwie süddeutsch bleibt der Kartoffelsalat trotzdem, wenn die Würze nur feinste Akzente setzt und nicht dominant wird. Man bekommt so einen Kick ins wohlbekannte Format – ein Spiel mit dem geschmacklichen Erbe der Heimat, prima zu einem ursüddeutschen Samstagsessen: zu Siedfleisch – Brustkern, Tafelspitz oder Zunge.

Ein klassisches Grundrezept, das in seiner Schlichtheit kaum zu übertreffen ist, aber trotzdem bestechen kann! Allerdings erfordert es Zutaten ersten Ranges – wie immer, wenn man deren Geschmack nicht hinter einem Strauß von Kräutern und Gewürzen versteckt. Der norddeutsche Kartoffelsalat ist deshalb, ebenso wie der süddeutsche, ein klassischer Begleiter, der sich dem Hauptgericht unterordnet, gleichzeitig einer warmen Speise mit seiner kühlen, zarten Säure einen erfrischenden Widerpart liefert.

Zubereitungszeit: 10 Minuten + Koch- und Abkühlzeit der Kartoffeln

Für 6 Personen

1.250 g Salatkartoffeln (z. B. (Moor-) Sieglinde, Selma, junge Linda)
Salz
3 Eigelb
2–3 EL Weißweinessig
200 ml geschmacksneutrales und/oder feinstes Olivenöl (siehe Anmerkung)
1–2 TL Senf (nach Belieben)
100 g Schmand oder Crème double
weißer Pfeffer
eventuell etwas sehr fein gehackte krause Petersilie (nach Belieben)

Kartoffeln waschen, ungeschält in **Salzwasser** gar kochen, abgießen, knapp lauwarm abkühlen lassen und pellen. In dünne, etwa 3 mm dicke Scheiben schneiden.
Für die Mayonnaise die **Eigelb** samt 1 EL **Essig** mit dem Schneebesen (Handrührer) schaumig aufschlagen. Nach und nach in dünnem Strahl oder in kleinen Mengen unter ständigem Schlagen das **Öl** zufügen. Fügt man etwas **Senf** hinzu, gelingt die Emulsion schneller und sicherer, allerdings fällt der Geschmack dann etwas würziger aus. Zum Schluss **Schmand** oder **Crème double** einrühren, mit **Salz, Pfeffer** und, falls gewünscht, **Petersilie** sowie dem restlichen **Essig** abschmecken.
Die noch nicht ganz kalt gewordenen Kartoffelscheiben damit umwenden und alsbald servieren.

ANMERKUNG Früher, als das Provencer Olivenöl das gebräuchlichste war, hat man meist eher geschmacksneutrales Öl (Sonnenblumen-, Erdnuss- oder anderes Pflanzenöl) mit einer kleinen Portion Olivenöl gemischt, weil man dieses (damals mit einigem Recht) als zu streng empfand. Heute, wo dank schnellerer Verarbeitung der gepflückten Früchte und moderner Technik sehr feines, mild schmeckendes, weniger fettig und überhaupt nicht breit wirkendes Öl gewonnen werden kann, ist eine solche Mischtechnik nicht mehr vonnöten. Ein vorzügliches Olivenöl kann aus Italien, Kroatien, Griechenland, Portugal oder Spanien, der Türkei oder Frankreich, sogar aus Übersee stammen. Es kann elegante, an Heu oder Tee erinnernde Töne, sanft grasige oder zartbittere Artischockennoten einbringen, kann Kräuter, Früchte (Aprikosen), Wal- oder Haselnüsse andeuten und ist mit seiner vorzüglichen Verträglichkeit im Vergleich zu anderen Ölen die weitaus beste Lösung.

PASST ZU Fleisch, Fisch, Würsten – ob nature oder paniert gebraten, gegrillt oder gekocht.

NORDDEUTSCHER
Kartoffelsalat

RHEINISCH-WESTFÄLISCHER *Kartoffelsalat*

Grundsätzlich wird hier der Kartoffelsalat mit Mayonnaise angemacht. Längst ist allerdings die fette Zeit vorbei, in der man ausschließlich Mayonnaise verwendete. Heute bereitet man die Sauce aus mit Sahne oder Joghurt verdünnter Mayonnaise zu – leider wird diese fast immer fertig gekauft, nur noch selten selbst gemacht, obwohl das mit modernem Gerät keine Hexerei mehr ist. Häufig verdünnt man die Mayonnaise auch noch mit der Flüssigkeit von Gewürzgurken. Und fast immer wird mit einer guten Prise Zucker oder Rübenkraut oder – heutzutage – mit Balsamessig (Balsamico) eine süße Note eingebracht. Wer's mag, soll's tun. Wir schlagen diese Variante vor:

Zubereitungszeit: 15 Minuten + Kochzeit der Kartoffeln und 30 Minuten Ruhezeit

Für 4 Personen
750 g Salatkartoffeln
3 kleine, feste Gewürzgurken
1 säuerlicher Apfel
1 Bund Schnittlauch oder 2 Frühlingszwiebeln oder 1 kleine Zwiebel

Mayonnaise
1 guter EL Delikatess- oder Dijonsenf
2 EL Weißwein- oder Apfelessig
2 Eigelb
125 ml Raps- oder Sonnenblumenöl
Salz
weißer Pfeffer aus der Mühle
1 Spritzer Worcestershiresauce
1 Msp. Cayennepfeffer
2–4 EL Naturjoghurt oder saure Sahne
etwas Sud aus dem Gewürzgurkenglas (nach Belieben)

Die **Kartoffeln** ungeschält gar kochen, ausdampfen und handwarm abkühlen lassen, dann pellen und in dünne Scheiben schneiden. Während des Abkühlens **Gewürzgurken** und geschälten **Apfel** in 5 mm große Würfelchen schneiden. **Schnittlauch** oder **Frühlingszwiebel** in Röllchen, falls verwendet, **Zwiebel** in kleine Würfel schneiden. Alles vermischen.
Für die Mayonnaise sollten alle Zutaten Zimmertemperatur haben. Aus **Senf, Essig** und **Eigelb** mit dem **Öl** eine Mayonnaise aufschlagen – am besten mit dem Stabmixer in einem hohen Becher (siehe Seite 243). Mit **Salz, Pfeffer, Worcestershiresauce** und **Cayennepfeffer** würzen. Mit **Joghurt** oder **saurer Sahne** nach Belieben verdünnen, eventuell auch noch etwas **Gurkensud** hinzufügen. All diese flüssigen Zutaten jedoch nicht mit dem Stabmixer einrühren, sondern mit einer Gabel – die Mayonnaise verliert sonst ihre schöne cremige Konsistenz.
Die Kartoffeln mit den vorbereiteten Zutaten und der Mayonnaise in einer Schüssel gründlich vermischen und vor dem Servieren noch wenigstens 30 Minuten durchziehen lassen. Zu guter Letzt noch einmal umwenden und abschmecken.

TIPP Man kann die noch warm gepellten und in Würfel (statt Scheiben) geschnittenen Kartoffeln mit Gurkensud begießen, sodass sie sich beim vollständigen Abkühlen damit vollsaugen. Jedoch bevor die Mayonnaise zugefügt wird, unbedingt überschüssigen Sud abschütten und gründlich umwenden, damit sich ein sämiger Film um die Kartoffelwürfel bildet und die Mayonnaise an ihnen haften kann.

PASST ZU jeder Art von Fleisch und gebratenem Fisch.

WAREN-
KUNDE

KARTOFFELN – ZWISCHEN MASSENWARE UND DELIKATESSE

Wir Deutschen sind, was das Essen betrifft, ein merkwürdiges Volk: Wir empfinden uns als Liebhaber von Kartoffeln – konsumieren aber immer weniger davon. Unsere Ausgaben für Nahrungsmittel sind prozentual am Einkommen gemessen europaweit am niedrigsten, wir, eines der reichsten Völker der Welt, sind auf diesem Gebiet die extremsten Sparer. Ein Blick in die Anzeigen von Supermärkten und Discountern zeigt, dass der Hauptumsatz über den Preis läuft. Trotzdem geht der Verbrauch von einem der delikatesten und gleichzeitig billigsten Lebensmittel regelmäßig zurück: von weit über 200 kg um 1900 pro Kopf auf knapp 60 kg im Jahr 2018. Und während bis in die 50er-Jahre des letzten Jahrhunderts fast die gesamte Menge auf Frischkartoffeln fiel (1950 noch 186 kg), weil es nur wenig Fertigprodukte gab, kaufen wir heute nur noch ein gutes Drittel als frische Kartoffeln, der weitaus größere Anteil kommt als Pommes, Chips, Püree, Knödel und Co. aus industrieller Verarbeitung auf den Tisch. Wir sind, was den Genuss von Kartoffeln betrifft, von Weltmeistern zu Hinterbänklern geworden.

Der Grund für diese Entwicklung liegt in mehreren Faktoren, die sich wiederum gegenseitig beeinflussen und verstärken: Mit besseren Lebensverhältnissen und höheren Einkommen stieg der Verbrauch an Fleisch, Geflügel, Fisch, feinem Gemüse und Obst, der Anteil an kohlenhydrathaltigen, sättigenden Grundprodukten ging zurück. Auch die Verteufelung der Kartoffel als Dickmacher seit Ende der 50er-Jahre senkte deren Konsum dramatisch; die in den 80er-Jahren einsetzende Rehabilitierung der „dollen Knollen" änderte daran wenig – das Image der Kartoffel war und ist beschädigt, sie gilt als altbacken, den Jüngeren als total uncool. Hinzu kam damals, dass durch die Umsiedlung von Millionen Menschen im und nach dem Krieg sie die aus der Heimat gewohnten Kartoffelsorten nicht mehr fanden, ihre traditionellen Rezepte und Essgewohnheiten nicht mehr funktionierten. Menschen aus Regionen, in denen es nur mehligkochende Sorten gab, kamen mit festkochenden Salatkartoffeln nicht zurecht – und umgekehrt. Später setzte sich das mit der von der Arbeitswelt geforderten Mobilität fort.

Die vorwiegend festkochende Quarta mit ihren tiefliegenden, rot-violetten Augen schmeckt sehr gut, verliert bei warmer Verwendung allerdings beim Umwenden ihre Form, ebenso die rotfleischige Rote Emmalie, die jedoch einen besonderen optischen Genuss bietet. Cilena und die Rosa Tannenzapfen englischen Ursprungs sind festkochend, haben sehr speckiges Fleisch und selbst warme Scheiben behalten weitgehend ihre Form. Bintje hingegen, zwischen mehlig- und vorwiegend festkochend, sollte man fast ganz abkühlen lassen oder für herzhafte, saftig-breiige Salate nehmen.

Quarta
Rote Emmalie
Bintje
Rosa
Tannenzapfen
Cilena

Moor-Sieglinde
Bamberger Hörnla
Linda
Adretta
Marabel

WAREN-
KUNDE

Das Gewohnheitstier Mensch ändert an einem neuen Wohnort eben nicht seine üblichen Rezepte, sondern weicht auf andere Produkte aus. Was nicht schwerfiel: Mit Pasta, Pizza und Döner gab es praktischen, weil bereits vor- und zubereiteten „Ersatz".

Die rohe Kartoffel fordert: Sie muss aufwendig vorbereitet, in jedem Fall gekocht oder gebraten werden und verlangt Begleiter. Nudeln oder Reis dagegen sind kochfertig, brauchen keine Vorbereitungs- und nur kurze Garzeit und nur wenig ergänzende Zutaten oder Beilagen. Die gewonnene Zeit schenkt man (vor allem die Jüngeren) lieber den sozialen Medien, digitalen Spielen oder vielerlei Freizeitaktivitäten. Die Nahrungsmittelindustrie arbeitet unermüdlich an Lösungen, die Kartoffel bereits vor- und zubereitet, geschält und vakuumverpackt anzubieten. Längst gibt's Kartoffelsalat zum sofortigen Verzehr fix und fertig, selbst was in sich Feinkost-Abteilung nennenden Vitrinen und Metzgereien angeboten wird, kommt nur zu oft – wie in den meisten Gaststätten und Kantinen – aus dem großen Eimer der einschlägigen Unternehmen ...

Fertigsalate ersparen dem Käufer auch die Mühe, sich über die Qualität und die Eigenschaften der rohen Kartoffel zu informieren. Das ist durchaus, trotz aller angegebenen Entscheidungshilfen, eine ziemlich verzwickte Angelegenheit. Offensichtlich sind zwar im Allgemeinen die Herkunft, die Sorte und, was das Wichtigste ist, die Kocheigenschaft – das alles wird auf der Tüte, dem Netz, auf dem Sack angegeben. Nur weiß nicht jeder, was damit gesagt wird. Zunächst gilt:

Neue Kartoffeln: Es scheint ein unbedingtes Ideal unserer Zeit zu sein, dass alles jung und neu sein muss. Bei Kartoffeln hat das dazu geführt, dass schon im Winter neue Kartoffeln angeboten werden, aus wärmeren Ländern oder von der südlichen Halbkugel importiert. Da zahlt man ein stattliches Geld für ziemlichen Mist, für wässrige und weitgehend geschmacksfreie Kartoffeln. Dabei kann man bereits an der Schale erkennen, ob die Kartoffel

- zu jung ist: Lässt sie sich leicht mit dem Daumen abdrücken, ist die Knolle noch nicht ausgereift, nicht „schalenfest", wie der Fachausdruck dafür lautet, sie hat noch zu wenig Stärke, um schön

Die speckige Sieglinde gilt als klassische Sorte für Kartoffelsalat, am besten schmecken die im Moor gewachsenen. Bamberger Hörnla, speckig, wenig ertragreich, krankheitsanfällig und ihrer Form wegen nur per Hand zu ernten, sind teuer, aber äußerst delikat. Linda (vor ein paar Jahren vom Züchter vom Markt genommen, was heftigen Protest auslöste, jetzt wieder zu haben) ist zunächst festkochend, wird im Lager zunehmend mehliger – etwas süßlich im Geschmack (wie auch Belana). Marabel ist vorwiegend festkochend, Adretta mehlig – für Püree und im Stampfkartoffelsalat ideal.

WAREN-KUNDE

abzubinden, und keine fleischige Konsistenz, ist daher wässrig, fast glasig, der Geschmack noch nicht ausgebildet.

- jung ist: Die Schale kann man zwar teilweise mit festem Druck noch abreiben, es hängen Teile lose von der Knolle. Das Innere hat jetzt jedoch schon eine angenehme, zarte Konsistenz und schmeckt gut.
- perfekt ausgereift ist: Die Schale ist fest und wenn sie ungewaschen ist (was bei loser Ware zu empfehlen ist), haftet Erde oder Staub daran.

In jedem Fall kann man jungen wie ausgereiften oder gelagerten Kartoffeln ihre Qualität ansehen:

- Ob sie richtig gelagert wurden: Grün verfärbte Stellen weisen keineswegs auf Unreife hin, wie manchmal behauptet, vielmehr hat sich Solanin gebildet, weil sie zu viel Licht ausgesetzt waren. Ein Gift, das auch durch Kochen nicht zerstört wird. Leider kommt das bei in Netzen angebotenen Kartoffeln häufig vor. Solche Kartoffeln unbedingt liegen lassen beziehungsweise aussondern, wenn man sie in der Einkaufstüte findet.
- Ist die Schale an manchen Stellen rau und dunkel verfärbt, könnte eine Pilzkrankheit die Ursache sein – auf einen Kauf lieber verzichten, denn die Kartoffeln könnten schnell verfaulen.
- Schwarze Löcher verraten, dass der Drahtwurm zugeschlagen hat: Unbedingt liegen lassen! Man müsste vor dem Kochen den gesamten Gang ausschneiden, da sich der faulige Geschmack der ganzen Kartoffel mitteilt. Außerdem eignen sich vor dem Kochen angeschnittene Kartoffeln nur bedingt für Salat.
- Und schließlich deuten Hackspuren und Beschädigungen bis ins Fleisch darauf hin, dass bei der Ernte wenig sensibel gearbeitet wurde, also weitere Fehler im Inneren bestehen können und man mit viel Abfall rechnen muss.

DIE SORTEN

Für Salat sind festkochende Sorten immer gut. Vorwiegend festkochende Sorten können beim Kochen aufreißen, das Innere bleibt jedoch meist kompakt. Das hat aber auch mit dem Boden zu tun (deshalb ist es von Interesse, die Herkunft zu kennen) und mit der Lagerzeit – je leichter die Böden und je länger die Lagerung, desto mehliger ist das Fleisch. Die Lagerzeit ist freilich auch vom Erntezeitpunkt abhängig, der je nach Sorte und Wachstumsbedingungen vom Frühjahr (Frühsorten unter Folie) bis in den Spätherbst liegen kann. Wer Wert darauf legt, im Kartoffelsalat schön erhaltene Scheiben zu haben, der sollte sie in jedem Fall ganz abkühlen lassen. Lauwarm zerfallen alle Sorten leicht, frisch gekocht in Scheiben geschnitten können sie sogar stark zerfallen, was manchmal gewünscht wird. Mehligkochende Kartoffeln hingegen platzen immer beim Kochen auf, das

Jedes Jahr aufs Neue sind wir gespannt, wie die Ernte ausfällt und welche Größe die Kartoffeln haben.

Innere wird flockig – sie sind deshalb nur für breiig gewünschte Salate zu verwenden.

Ehe eine Sorte für den Handel angebaut werden darf, muss sie eine Zulassung vom Bundessortenamt erwerben. Um diese zu erhalten, werden die sortentypischen Merkmale wie Krankheitsresistenz, Abwehrverhalten gegenüber Schädlingen, Ertrag, Form, Schalenbeschaffenheit, Augentiefe, Fleischfarbe, Reifezeit, Keimfreudigkeit, Lagerverhalten und schließlich auch der Geschmack bewertet.

Darüber hinaus bekommt man direkt von den Erzeugern oft noch viele andere Sorten, die keine Zulassung mehr haben oder für welche die Lizenz abgelaufen ist, die den Zuchtbetrieben für eine bestimmte Zeit die alleinige Nutzung einräumt. Von der Sorte her schlechte Kartoffeln gibt es eigentlich kaum mehr. Freilich sehen manche schöner aus als andere – aber ob man länglich-ovale, runde, glatt- oder rauschalige Kartoffeln vorzieht, ist eine individuelle Entscheidung.

Im Prinzip lässt sich sagen: Runde Kartoffeln mit genetzter Schale sind eher mehlig als längliche mit glatter. Längliche Sorten (Kipfler) sind eher festkochend. Die lang gezogenen, mit warzenartigen Auswüchsen versehenen Bamberger Hörnla beispielsweise sind sehr festkochend, gern auch speckig genannt – die idealen Salatkartoffeln. Ihre dünne Schale lässt sich erst nach dem Kochen leicht abziehen. Auch tiefere Augen, wie etwa bei der wohlschmeckenden Quarta, die ein sauberes Schälen im rohen Zustand nur mit viel Abfall erträglich oder zu einer Geduldsprobe werden lassen, machen sie eher für Pellkartoffeln geeignet, wie man sie für einen Salat braucht. Dann stören sie überhaupt nicht.

Festkochend
Vorwiegend festkochend
Mehligkochend

WAREN-KUNDE

„Schön rötlich die Kartoffeln sind und weiß wie Alabaster", hat Matthias Claudius einst gedichtet. Heute bevorzugen wir eher intensiv gelb- und rosafleischige Sorten, denn sie sehen im Salat appetitlicher aus als weiße. Diese sind meist mehliger und besser für Püree geeignet. Man traut ihnen auch (fälschlicherweise) weniger Geschmack zu, sie wurden deshalb in den letzten Jahrzehnten kaum nachgefragt und sind selten geworden. Man liebt sie übrigens durchaus im mediterranen Raum. Neben den immer beliebteren rotschaligen (und meist gelbfleischigen), manchmal aber auch durch und durch rot gefärbten Sorten entdeckt man zunehmend die sogenannten Urkartoffeln: Sie sehen wild aus, mit ihrer dunkellila Schale und dem je nach Sorte leuchtend violetten oder violett-cremefarben marmorierten Fleisch, gleichen nur äußerlich Trüffeln, von denen sie die Bezeichnung entliehen haben (das früher zu Zeiten des Alten Fritz benutzte Wort Tartüffeln wandelte sich allmählich zu Kartoffeln). Da es sich um nahe an der Wildform gebliebene Varianten handelt, schmecken sie sehr intensiv, eben kartoffelig, enthalten noch mehr wertvolle Wirkstoffe (Flavonoide, Anthocyane), sie kochen meist sehr, selten weniger mehlig. Trotzdem sind sie auch für Salate bestens geeignet, weil die reichlich enthaltene Stärke beim Abkühlen schnell und gut bindet, die Scheiben oder Würfel fest werden lässt. Werden Kartoffeln von kleinen Erzeugern angebaut, die ihnen die nötige Sorgfalt angedeihen lassen, sind sie Delikatessen, geradezu kulinarische Juwele, die auch etwas kosten dürfen.

Die „normalen" Kartoffeln allerdings sind billige Massenware und werden leider dementsprechend schlecht behandelt, sie sind daher oft selbst ihren niedrigen Preis nicht wert.

Wenn man nur zusieht, wie bei der industriellen Ernte riesige Maschinen die Kartoffelpflanzen gewaltsam und in atemberaubender Geschwindigkeit roden, die Knollen auf einem Förderband brutal durcheinanderwerfen, zu enormen Containern transportieren, um sie donnernd mehrere Meter tief hinunterfallen zu lassen, wo sie die unterste Schicht fast zerquetschen – da kommt einem das Grausen und die empfindsame Seele leidet. Dass auch die Kartoffeln leiden, kann man ihnen von außen nicht unbedingt ansehen. Ihr Innenleben ist ja nicht nur abhängig von Sorte, Bodenbeschaffenheit, Klima und Wetterbedingungen, sondern auch von Bodenbearbeitung, Düngung, Ernte und Lagerung. Glasige Stellen im Fleisch deuten auf falsche Düngung hin, schwarze Flecken im Fleisch auf Ernte oder Verpacken bei zu niedrigen Temperaturen, weiße Stellen auf zu hohen Druck bei Transport und/oder Lagerung. Und den Geschmack kann man ohnehin erst nach dem Kochen überprüfen.

Machen wir uns nichts vor: Die teuren, aber effizienten und Kosten sparenden Erntemaschinen

Frisch gekocht sind die Unterschiede zwischen den Kartoffeltypen noch deutlich sichtbar – ob sie mehlig sind, festkochend oder vorwiegend festkochend: Je mehr Stärke sie enthalten, desto fluffiger und lockerer ist ihr Fleisch. Die festkochenden kann man schon warm in Scheiben schneiden, die mehligen erst nach dem Abkühlen, wenn die Stärke abgebunden hat – sie werden dann fester, lassen sich kaum mehr zerdrücken.

EINE KLEINE ANEKDOTE ...

Für Moritz begann die Liebe zur Kartoffel schon in früher Kindheit auf dem Apfelgut: Der Bub half im Oktober leidenschaftlich gern (in kurzen Hosen und mittels Gummiband am „Leibchen" befestigten Strümpfen) beim Einsammeln der vom Pflug vorsichtig ans Tageslicht beförderten Grumbiera: weil danach ein besonderer Genuss als Belohnung lockte! Zunächst hatte man nämlich die braun eingetrockneten Stengel und Blätter der Kartoffeln zu einem Haufen aufgeschichtet und angezündet – um möglicherweise darin sitzende Pilze, Bakterien und Eier vom Kartoffelkäfer zu vernichten. Noch ins brennende Feuer wurden Kartoffeln gelegt, die nach dem Erlöschen der Flammen in der Glut weiterbuken. Ab und zu wurde neues Kartoffelkraut darübergeworfen, was den Knaben ermunterte, das Auflesen zu vergessen und mit einem Stecken im Feuer herumzustochern, bis es wieder munter aufflackerte. Beim Hereinbrechen der Dämmerung versammelten sich alle um den Gluthaufen, aus dem nun mit einer Hacke die mehr oder weniger verkohlten Knollen behutsam herausbefördert wurden. Wer Glück hatte, bekam eine schon etwas abgekühlte, die man gleich aufbrechen konnte, um mit den Zähnen das lockere, trotzdem saftige und köstlich schmeckende Fleisch aus der harten Kruste zu lösen ... Noch heute läuft ihm das Wasser im Munde zusammen, wenn wir im Herbst durch die Landschaft fahren und es nach Kartoffelfeuer riecht – was allerdings nur noch selten vorkommt.

Wenn der Herbst trocken und der Boden locker ist, macht die Kartoffelernte Spaß! Hier Belana und die rote Laura.

werden nicht mehr verschwinden. Schon jetzt muss man sich nur zu oft über mangelnde Qualität ärgern und um die Zukunft der geliebten Kartoffeln bangen. Wie lange wird es noch Bauern geben, die sorgfältig und behutsam mit den empfindlichen Knollen umgehen?

Deshalb unsere Empfehlung: Dort einkaufen, wo man sich auf die Aussage von Produzent oder Händler verlassen kann, wo man gut beraten wird und wo man stets zufrieden war – auf dem Bauernhof, dem Markt, im Fachgeschäft oder in der gut betreuten Gemüseabteilung des Supermarkts. Klappt es mal nicht und vermisst man die gewohnte Qualität, darf man nicht schweigend darüber hinweggehen und stumm die Bezugsquelle wechseln, man sollte unbedingt ganz sachlich seine berechtigte Kritik äußern. Nur so kann entsprechend Abhilfe geschaffen werden und wir können hoffen, dass es weiterhin (möglichst sogar wieder mehr!) gute Kartoffeln zu kaufen gibt.

Hierfür nehmen Sie am besten die sogenannten Drillinge, nämlich extra klein sortierte Kartöffelchen von einer festkochenden Sorte – Bamberger Hörnla, deutsche „Mäuserl", kleine Nicola oder Sieglinde, französische „La Ratte". Mojo, eine cremige Sauce, die es in roter und grüner Variante gibt, ist eine Art Mayonnaise ohne Ei, mit viel Knofel, scharf und feurig – sozusagen die kulinarische Basis der Kanarischen Inseln.

Zubereitungszeit: 25 Minuten + Kochzeit der Kartoffeln

Für 4 Personen

400–500 g höchstens daumenkuppengroße Salatkartöffelchen
Salz

Mojo (Chili-Mayonnaise)

1 Scheibe gutes, festes Weißbrot oder ½ altbackene Semmel
3 EL Rotweinessig
5–6 große Knoblauchzehen oder 1 ganze Knolle
4 kleine rote Chilischoten
1 mittelgroße rote Paprikaschote
1 Bündchen Koriandergrün (nur im Notfall auf Petersilie oder Sellerieblatt ausweichen oder Quillquina nehmen – siehe Seite 125)
Salz
schwarzer Pfeffer aus der Mühle
½ TL Kreuzkümmel
150 ml erstklassiges Olivenöl oder eine Mischung aus Oliven- und geschmacksneutralem Öl

Kartoffeln in der Schale in **Salzwasser** gar kochen, abgießen, 10 Minuten ausdampfen lassen.
Inzwischen für die Mojo die **Brotscheibe** entrinden (Semmel in sehr dünne Scheiben aufschneiden), mit ein wenig vom **Essig** besprenkeln und einweichen.
Die geschälten, mit der Messerklinge zerklopften **Knoblauchzehen,** entkernte **Chilischoten** und **Paprika** in kleinen Stücken, abgezupfte **Kräuterblättchen, Gewürze** und **Öl** mit zerpflücktem Brot (Brötchen) und restlichem **Essig** in einen Becher geben und mit dem Stabmixer pürieren oder im Universalzerkleinerer dick und cremig wie eine Mayonnaise aufschlagen.
Die noch warmen Kartoffeln pellen, unzerteilt mit der Mojo umwenden und ein paar Minuten ziehen lassen. Nochmals umwenden, die **Würze** und **Säure** justieren und lauwarm servieren.

TIPP Man kann auch gut die nordafrikanische Gewürzmischung Ras el-Hanout für diesen Kartoffelsalat verwenden.

TIPP Das ist das einzige Rezept in diesem Buch, in dem wir die Kartoffeln nach kanarischer Art in Salzwasser kochen. Denn man verwendet dort am liebsten Kartoffeln, die gerade erst schalenfest geworden sind, deren Schale also noch weich ist und das Salz eindringen lässt. Außerdem wird sehr viel Meersalz verwendet – manche empfehlen ein Viertel der Kartoffelmenge. Es geht aber auch mit 30 g auf 500 ml Wasser, das jedoch während des gesamten Kochvorgangs sprudelnd kochen muss, sodass zum Schluss nur noch eine Pfütze davon übrig ist, die eine fast gesättigte Salzlösung darstellt. Dabei den Deckel nicht dicht schließend auflegen und die Kartoffeln dabei immer wieder durchschütteln. Nach dem Abgießen des restlichen Wassers und dem Ausdampfen der Kartoffeln sind diese von einer weißen Salzschicht überzogen – sie werden nicht geschält, schmecken salzscharf und köstlich. Mit voll ausgereiften Kartoffeln, deren Schale richtig fest ist, hat das Ganze wenig Sinn; solche Kartoffeln muss man vor dem Genuss pellen.

PASST ZU gekochtem Fleisch – Rind, Zunge oder ausgelöste Brust eines Suppenhuhns.

Kanarischer Kartöffelchensalat MIT MOJO ROJO

VARIANTE Für grüne Mojo (Mojo verde) grüne Chili- und Paprikaschoten nehmen, die doppelte Menge Koriander, zusätzlich noch 1 Bund Petersilie und nach Belieben ½ Avocado. Und statt Rotweinessig einen weißen Essig oder sogar Limetten- oder Zitronensaft verwenden.

Kartoffelsalat MIT EIER-SAUCE

Variante SALADE DE POMMES DE TERRE MIMOSA

KARTOFFELSALAT MIT EIER-SAUCE

Die Bindung mit gekochtem Eigelb ist irgendwie ganz aus der Mode gekommen – sehr zu Unrecht, denn der Geschmack des Salats kommt viel intensiver und attraktiver rüber als in einer Mayonnaise.

Zubereitungszeit: 10 Minuten + Koch- und Abkühlzeit der Kartoffeln

Für 4 Personen

750 g festkochende Kartoffeln
2 hart gekochte Eigelb
2 TL Dijonsenf
Salz
weißer Pfeffer aus der Mühle
1 Prise Cayennepfeffer oder Chiliflocken (Pul Biber)
3 EL Weißweinessig
3 EL natives Olivenöl extra
1 Frühlingszwiebel
1 rote Zwiebel
½ Bund krause oder glatte Petersilie

Die **Kartoffeln** in der Schale kochen, pellen und dann in dünne Scheiben schneiden.
Eigelb mit der Gabel in einer Servierschüssel zerdrücken und mit **Senf, Salz**, recht viel frisch gemahlenem **Pfeffer, Cayennepfeffer** sowie **Weißweinessig** glatt rühren. Schließlich mit dem **Olivenöl** cremig aufschlagen.
Frühlings- und rote **Zwiebel** sowie **Petersilie** fein hacken und mit der Vinaigrette über die Kartoffeln geben. Vorsichtig mischen und nur wenige Minuten durchziehen lassen.

TIPP Das Eiweiß kann man natürlich einfach klein gehackt dem Salat hinzufügen.

PASST ZU kaltem oder warmem Siedfleisch (gekochtes Rindfleisch, etwa Brustkern) hervorragend.

VARIANTE: SALADE DE POMMES DE TERRE MIMOSA

Der Salat wird mit Eigelb, das durch ein grobes Sieb oder einen Durchschlag gedrückt wurde, und gehackter Petersilie bestreut, sodass er aussieht wie blühende Mimosen.

Zubereitungszeit: zusätzlich 5 Minuten

Für 4 Personen

Zutaten wie oben bei Kartoffelsalat mit Eier-Sauce und zusätzlich:
2 hart gekochte Eigelb
½ Bund krause oder glatte Petersilie

Kartoffelsalat wie angegeben zubereiten, eventuell statt Zwiebel den Schnittlauch in Röllchen (siehe Tipp) untermischen. Zum Schluss die beiden **Eigelb** in bröselartiger Form darüber passieren und mit der gehackten **Petersilie** bestreuen.

TIPP Alternativ statt Kartoffelsalat mit Eier-Sauce das Grundrezept von Seite 16 verwenden, aber ohne Zwiebeln oder Schalotten, dafür 1 Bund Schnittlauch und 1 ganzes Bund Petersilie nehmen.

Grundsätzlich kann man zwei Varianten unterscheiden: entweder ein süddeutscher oder österreichischer Kartoffelsalat, der einfach mit ausgelassenen Speckwürfeln – in denen auch reichlich gehackte Zwiebeln mitgebräunt werden können – angereichert wird (wofür es kein eigenes Rezept braucht), oder vom norddeutschen Typ, dessen Mayonnaise aber leichter gehalten und anders abgeschmeckt werden muss, ehe sie mit ein wenig zerfallenden, nicht vollkommen festkochenden Kartoffeln eine innige Verbindung eingehen kann – sie wird mit dem ganzen Ei (also mitsamt dem Eiweiß) aufgeschlagen, frisch-säuerlich und zart-süß abgeschmeckt.

Zubereitungszeit: 15 Minuten + Koch- und Abkühlzeit der Kartoffeln

Für 4 Personen

400–600 g kleine, vorwiegend festkochende Kartoffeln
Saft von 1 Zitrone
abgeriebene Schale von ½ Biozitrone
1 mittelscharfe rote Chilischote (etwa Serrano oder Jalapeño)
je 1 EL gehackte Petersilie und Kerbel
150 g Bauchspeck (siehe Tipp)

Mayonnaise

1 Ei
1 EL Dijonsenf
2–3 EL frisch gepresster Zitronensaft
125 ml feines Salatöl
frisch gemahlenes Meersalz
weißer Pfeffer aus der Mühle
1 ordentliche Prise Zucker

Kartoffeln in der Schale kochen, noch warm pellen und in dünne Scheiben schneiden. In einer Schüssel mit **Zitronensaft** beträufeln und die **Zitronenschale** dazugeben. Die **Chilischote** entkernen und fein hacken. Die **Kräuter** ebenfalls fein hacken, beides zufügen und alles vorsichtig umwenden.
Für die Mayonnaise aus den angegebenen **Zutaten** (also mit dem ganzen Ei) eine Emulsion herstellen, wie auf Seite 242 beschrieben.
Speck in 5 mm große Würfel schneiden und in einer beschichteten Pfanne im eigenen Fett rasch anbraten, sodass er außen kross wird, aber innen saftig bleibt. Speckwürfel aus ihrem Fett heben, in einem Sieb abtropfen lassen oder auf Küchenpapier entfetten.
Mayonnaise und Speck in die Schüssel mit den Kartoffeln geben, gründlich vermischen, wobei die Kartoffelscheiben sich teilweise auflösen und mit der Mayonnaise vermischen sollen. Sofort noch lauwarm servieren.

TIPP Der Speck darf zwar Rauchgeschmack haben, dieser sollte aber nicht zu dominant sein. Und er muss jung sein, damit er beim Braten nicht hart wird. Hat man hingegen einen gereiften, nur angeräucherten und dann luftgetrockneten, gewürzten Speck (etwa aus Südtirol oder Kärnten), so wird er in ganz feine Würfelchen (höchstens 3 mm) geschnitten und nur einige Sekunden in heißem Olivenöl mehr erhitzt als gebraten.
Die Mayonnaise kann man noch mit etwas Gemüse- oder Fleischbrühe strecken und mit einer zerdrückten Kartoffel sämiger machen.

PASST ZU gebackenem Fisch, Spiegeleiern oder auch gekochtem Gemüse, etwa Spargel.

Kartoffelsalat MIT SPECK

Kartoffelsalat

MIT ROTER BETE UND HERING

Kartoffelsalat
MIT TOMATEN-REMOULADE

Kartoffelsalat
MIT ROTER BETE UND HERING

Zu Wiener oder Frankfurter Würstchen isst man in Mitteldeutschland gern einen Kartoffelsalat mit leichter Mayonnaise, gewürfelten Zwiebeln, Salz- oder Gewürzgurken, gebratenen Speckwürfelchen und Salzhering – mag für manchen befremdlich klingen, der Einsatz von Hering als Gewürz ist aber schon im Mittelalter sehr gebräuchlich gewesen und erinnert an die im Mittelmeerraum übliche Art, Saucen und Salaten mit Anchovis eine besondere Würze zu verleihen. Und die Wurst-Fisch-Kartoffel-Kombination schmeckt erstaunlich gut! Kein Wunder also, dass diese oder eine ähnliche Variante in vielen Gegenden zu Heiligabend Tradition hat. Und mancherorts schnibbelt man sogar noch Wiener Würstchen hinein ...

Zubereitungszeit: 20 Minuten + Koch- und Abkühlzeit der Kartoffeln

Für 4 Personen

½ Rezeptmenge norddeutscher Kartoffelsalat (siehe Seite 24)
2 Salzheringfilets
2 Gewürzgurken
evtl. 2–3 kleine gekochte Rote-Bete-Knöllchen (oder 1 große gebackene)
1 kleine Zwiebel
2 Scheiben geräucherter Brustspeck
gehackte Kräuter nach Belieben (z. B. Schnittlauch, Dill oder Petersilie)

Den **Kartoffelsalat** wie auf Seite 24 beschrieben zubereiten. Die **Heringsfilets** in 5 mm große Würfel schneiden, ebenso die **Gewürzgurken** und die **Roten Beten.** Die **Zwiebel** sehr fein würfeln. **Speck** ebenfalls fein würfeln, in einer beschichteten Pfanne braten und auslassen.
Alles unter den Salat mischen und nochmals kräftig abschmecken. Nach Belieben gehackte **Kräuter** darüberstreuen.

Kartoffelsalat
MIT TOMATEN-REMOULADE

Die Zubereitung entspricht dem norddeutschen Kartoffelsalat. Zusätzlich wird in die Mayonnaise nach dem Aufschlagen eine köstliche Garnitur zur geschmacklichen Bereicherung eingearbeitet. Statt des dort verwendeten Gewürzgurkensuds nehmen wir in diesem Fall jeweils einen guten Esslöffel des Kapern- und Cornichon-Essigs.

Zubereitungszeit: 15 Minuten + Koch- und Abkühlzeit der Kartoffeln

Für 4 Personen

500 g Salatkartoffeln
1 Rezeptmenge Mayonnaise wie für rheinisch-westfälischen Kartoffelsalat (siehe Seite 27)

Garnitur der Mayonnaise

1 EL feinste, in Essig eingelegte Kapern (Nonpareilles)
4 kleine Cornichons
1 violette Schalotte
2 EL Tomatenmark
je 1 gehäufter EL gehackte Petersilie, Kerbel und Estragon

Kartoffeln in der Schale kochen, kaum abgekühlt pellen und in Scheiben schneiden.
Für die Garnitur die aufgeschlagene **Mayonnaise** mit **Kapern,** winzig feinen **Cornichon-** und **Schalottenwürfeln, Tomatenmark** und **Kräutern** mischen. Die noch lauwarmen Kartoffelscheiben damit umwenden. Bald servieren.

TIPP Sind die Kapern nicht ganz fein, sollten auch sie gehackt werden. Kapernfrüchte (oder -äpfel) haben darin nichts zu suchen.

PASST ZU Siedfleisch (Tafelspitz) und gesottenem Fisch (Kochfisch, der freilich nie gekocht haben darf, um zart zu sein).

Dieser Kartoffelsalat ist relativ wenig sauer, statt Öl wird ausschließlich Speck mit seinem ausgebratenen Fett als bindender Geschmacksträger genommen. Die Zubereitung erscheint etwas altbacken, hat aber durchaus ihren Reiz. Wer es etwas süß abgerundet mag, fügt die Säure nicht mit Weinessig, sondern mit einem guten, milden Balsamico hinzu.

Zubereitungszeit: 20 Minuten + Kochzeit der Kartoffeln

Für 4 Personen

600 g festkochende Kartoffeln (z. B. Moor-Sieglinde)
200 g geräucherter Bauchspeck
1 scharfe Zwiebel
1 schwach gehäufter EL Mehl
250 ml Fleisch- oder Gemüsebrühe
Salz
schwarzer Pfeffer aus der Mühle
2–3 EL guter Weinessig
1 kleines Bund Petersilie

Die **Kartoffeln** in der Schale kochen, etwas abkühlen lassen. Inzwischen den **Speck** fein würfeln und in einer Pfanne anbraten. **Zwiebel** ebenso fein hacken und zufügen, wenn der Speck kross geworden ist. Gelb werden lassen, aber noch nicht knusprig braun rösten. Das **Mehl** darüberstreuen, alles gut vermischen und jetzt leicht bräunen.

Heiße **Brühe** angießen, glatt rühren und wenigstens 10 Minuten dicklich einkochen.

Währenddessen Kartoffeln noch warm pellen und in dünne Scheiben schneiden. Die Sauce mit wenig **Salz** korrigieren, mit **Pfeffer** würzen und mit **Essig** fein-säuerlich abschmecken.

Petersilie hacken. Mit der Sauce zu den Kartoffeln geben, alles vorsichtig umwenden und noch lauwarm servieren.

TIPP Man kann die Sauce natürlich mit etwas Senf (je nach Geschmack Dijon-, Löwen-, Delikatess- oder süßer Weißwurstsenf) oder einer Chilisauce (vorzugsweise thailändische Sriracha) schärfen und abrunden.

PASST ZU Frikadellen (Bouletten) oder großen Braten.

Kartoffelsalat MIT SPECKSTIPPE

ZWEI SEITEN EINER KARTOFFEL

Wie aus den gleichen Grundzutaten ganz unterschiedliche Salate entstehen können.

Wie sehr es auf die Wahl der Kartoffelsorte und ihre Verarbeitung ankommt, soll auf den folgenden Seiten deutlich gemacht werden. Denn es hat entscheidenden Einfluss auf das Aussehen und den Geschmack, ob man eine mehligkochende, eine vorwiegend festkochende oder eine festkochende Kartoffelsorte nimmt, ob man sie heiß oder kalt verarbeitet und ob man den Salat lauwarm, also gleich nach der Zubereitung, serviert, oder ihn auf den Tisch bringt, nachdem er ein paar Stunden durchziehen konnte. Freilich muss man sich bereits vor der Zubereitung entscheiden, ob der Salat mit akkuraten Scheiben oder fast als Brei auf den Tisch kommen soll. Weiterhin ist für Konsistenz, Aussehen und Geschmack entscheidend, ob und wie viel Flüssigkeit (Gemüse- oder Fleischbrühe, Vinaigrette oder sehr viel Saft abgebende Zutaten) man zufügt und wie vorsichtig der Salat umgewendet wird.

Kartoffelsalat
MIT TOMATE I - DER SAFTIGE

Vielleicht gibt es keinen Kartoffelsalat, der so variantenreich gestaltet werden kann wie dieser, denn die Tomatensorten bieten, im Gegensatz zu den meisten Gemüsearten, eine ähnlich große Bandbreite wie Kartoffeln. Die Mischung von eher saftig-weichen und eher festfleischigen Kartoffelsorten mit verschiedenen Kocheigenschaften ermöglicht außerordentlich unterschiedliche Ergebnisse. Hier zur Illustration nur zwei geradezu extreme Beispiele.

Zubereitungszeit: 15 Minuten + Kochzeit der Kartoffeln und 60 Minuten Ruhezeit

Für 4 Personen

400 g mehligkochende Kartoffeln
500 g saftige, sehr reife Fleischtomaten
1 kleine, extrem aromatische und scharfe karibische Chilischote (z. B. Fatali oder Habanero; alternativ entsprechendes Pulver)
1 kleines Händchen voll frische Basilikumblätter (vorzugsweise provenzalische)
Salz
schwarzer Pfeffer aus der Mühle
1 EL Sherry-Essig
3 EL möglichst sanftes Olivenöl (z. B. aus Ligurien)

Kartoffeln in der Schale aufsetzen und vollkommen gar kochen. Abgießen und nur ganz wenig ausdampfen lassen.
In der Zwischenzeit die **Tomaten** häuten (sie sollten so reif sein, dass es ohne zu überbrühen geht) und die Stielansätze samt ihren harten Ausläufern sorgfältig herausschneiden. Fruchtfleisch in einer Schüssel samt dem weichen Inneren mit Messer und Gabel zerkleinern, dabei mit dem Messer immer wieder durch die **Chilischote** (die selbst nicht mitgegessen wird) schneiden, damit die Tomatenstücke vorsichtig von ihrem Saft imprägniert werden. **Basilikum** fein schneiden und untermischen, **salzen** und **pfeffern.** Mit **Essig** und **Öl** umwenden, bis alles innig vermischt ist.
Heiße Kartoffeln pellen, vierteln und unter die Tomaten mischen; diese bringen genügend Flüssigkeit ein, um die Kartoffeln saftig werden zu lassen, es sollten aber Stückchen erhalten bleiben.
Den Salat etwa 60 Minuten ziehen lassen, damit er abbindet und fester wird. Erneut durchmischen und abschmecken.

VARIANTEN Ist der Salat durch rote Tomaten rot, wird jeder sofort herausschmecken, woraus er besteht. Hält man ihn in anderen Farben, etwa mit gelben oder mit grünen Tomaten, kann man überraschende Effekte erzielen – vor allem in Verbindung mit exotischen Kräutern und Gewürzen.
Die Tomaten sollten in jedem Fall vollreif und saftig sein. Wählen Sie zum Beispiel diese Sorten – rot: Costoluto, Ochsenherz, Stierstirn, Marmande, Rosa Elefant; gelb: Ananas, Golden Jubilee; schwarz: Sputnik, Schwarze Krim; weiß: Weißes Ochsenherz, Weiße Schönheit; grün: Evergreen, Green Velvet.

PASST ZU gegrilltem oder gebratenem Fleisch sowie gebackenem Fisch.

Natürlich darf der „trockene“ Salat nicht wirklich trocken sein, sondern muss von dem abgetropften Tomatensaft oder der Tomatenessenz so angefeuchtet werden, dass er nicht mehr „hungrig“ ist, sondern die Kartoffelscheiben mit Glanz und „satter“, schmatzender Sauce überzogen sind.

Zubereitungszeit: 20 Minuten + Kochzeit der Kartoffeln

Für 4 Personen

500 g sehr festkochende Salatkartoffeln (z. B. Kipfler oder Bamberger Hörnla)
400 g feste Tomaten (z. B. fast schwarze Bombonera, rot-grün gefärbte Merinda)
Salz
schwarzer Pfeffer aus der Mühle
3 EL Apfelessig
3 EL herzhaftes Olivenöl (z. B. aus Sardinien, Sizilien, Apulien)
evtl. 1 Schuss Tomatensaft oder -essenz
1 mittelgroße weiße Zwiebel
2–3 Knoblauchzehen
4 Stengel glatte Petersilie

Kartoffeln in der Schale in wenig Wasser aufsetzen und gar kochen oder dämpfen. Abgießen, ausdampfen lassen, lauwarm werden und dabei abbinden lassen.

Unterdessen **Tomaten** mit kochendem Wasser übergießen, kurz (maximal 30 Sekunden) ziehen lassen, dann abgießen und so kalt wie möglich (in Eiswasser) abschrecken. Häuten, das wässrige Innere mit den Kernen sorgfältig entfernen (nach Belieben für eine Tomagrette verwenden; siehe Tipp). Fruchtfleisch etwa 5 mm klein würfeln, in ein Sieb geben, leicht **salzen** und Wasser ziehen lassen.

Kartoffeln pellen und in knapp 2 mm dünne Scheiben schneiden. **Salzen** und **pfeffern,** mit **Essig, Öl** und eventuell **Tomatensaft** oder **-essenz** vorsichtig umwenden, damit die Scheibchen möglichst wenig zerfallen, und 5 Minuten ziehen lassen.

Zwiebel fein, **Knoblauchzehen** feinst würfeln. **Petersilienblätter** abzupfen und in fast haarfeine Streifchen schneiden. Dann mit den Tomatenwürfeln zu den Kartoffeln geben und alles sanft vermischen. Abschmecken.

TIPP In den Kernen steckt eine Menge Geschmack, deshalb haben wir daraus die **Tomagrette** entwickelt (von Tomaten und Vinaigrette), eine säurefrische Sauce, die zu vielem passt, zu Gemüse, zu Fisch, zum Steak, mit der man auch Kartoffelsalat anmachen kann. So geht's: Die Kerne von vollreifen Tomaten (etwa eine Tasse voll) mit 2–3 Knoblauchzehen, ½ kleinen Zwiebel (oder 1 Schalotte oder Frühlingszwiebel), eventuell auch 1 kleinen Chilischote, Salz, Pfeffer, einem kleinen Stückchen Zitronenschale und einem Spritzer Zitronensaft, etwas Zucker und 100 ml Olivenöl im Mixbecher pürieren und cremig aufschlagen. Die Sauce hält sich in einem Schraubglas 2–3 Tage im Kühlschrank; vor dem Verwenden kräftig aufschütteln oder noch einmal durchmixen.

PASST ZU Siedfleisch, gekochtem Huhn, Zunge, gesottenem Kalbskopf, warmer Brühwurst (Lyoner, Fleisch- oder Jagdwurst), Bollito misto, gedämpftem oder gedünstetem Fisch.

Kartoffelsalat
MIT TOMATE II - DER TROCKENE

Kartoffelsalat

MIT SERRANO-SCHINKEN I

Früher hat man „ordentlichen" Salaten den Vorzug gegeben – am Vortag gekochte und vollkommen ausgekühlte Kartoffeln sind dazu am besten geeignet, denn die Scheiben sind stabiler, bleiben beim Umwenden besser intakt; zumindest, wenn man festkochende Salatkartoffeln verwendet, was ebenfalls fast ein Muss war. Inzwischen ist man auf den Trichter gekommen, dass wenigstens lauwarme Kartoffelsalate besser schmecken – was allerdings zulasten des Aussehens gehen kann, denn die warmen Scheiben lösen sich gern auf, brechen auch leicht auseinander. Wir bevorzugen oft sogar warme Salate aus vorwiegend festkochenden oder sogar mehligkochenden Kartoffeln, die dann fast breiig werden können – nicht unbedingt so schön fürs Auge, aber viel besser für den Geschmack. Finden wir. Nochmals zwei Beispiele.

Zubereitungszeit: 20 Minuten + Koch- und Abkühlzeit der Kartoffeln

Für 4 Personen

600 g Salatkartoffeln (z. B. Sieglinde, Rosa Tannenzapfen)
1 Glas (50–60 ml) trockener Sherry (Fino oder Amontillado)
1 Rezeptmenge Senf-Vinaigrette (siehe Seite 238) mit Sherry-Essig
2 violette oder graue Schalotten
1 große Knoblauchzehe
50 g gehackte Haselnüsse
1 Sträußchen Kerbel
100 g luftgetrockneter spanischer Bergschinken (Serrano), relativ dick geschnitten (etwa 1 mm)
1 EL Haselnussöl (alternativ Olivenöl)

Kartoffeln in der Schale kochen und vollkommen abkühlen lassen. Falls gewünscht, pellen, in Würfel oder Stäbchen (wie Pommes frites) schneiden und mit dem **Sherry** beträufeln. Abdecken und bei höchster Stufe 30–40 Sekunden in die Mikrowelle stellen. Dann ziehen und abkühlen lassen, bis alle anderen Arbeiten erledigt sind. Zunächst die **Vinaigrette,** wie auf Seite 238 angegeben, aufschlagen. Die fein gewürfelten **Schalotten** zugeben. Die **Knoblauchzehe** durch die Presse hineindrücken. Gehackte **Haselnüsse** und abgezupfte **Kerbelblättchen** ebenfalls zugeben. Den **Schinken** in winzige Stäbchen schneiden und im heißen **Haselnussöl** in wenigen Sekunden nur eben heiß und knusprig werden lassen. Mit der Vinaigrette an die Kartoffeln geben, alles rasch, aber vorsichtig umwenden und sofort servieren.

PASST ZU kurz gebratenen Koteletts vom Iberico-Schwein oder dem gegrillten Secreto.
GETRÄNK Ein intensiver spanischer Rotwein – gepflegt aus dem Priorato (hauptsächlich aus der Garnacha-Rebe) oder wild aus dem Bierzo (Mencía-Rebe).

Das ist der Beweis: ein ziemlich matschiger Brei, mit gleichlautenden Zutaten wie im ersten Rezept, jedoch mit anderen Temperaturen, anderen Eigenschaften, anderen Zuschnitten. Die sich daher anders verhalten, anders zusammenfügen, anders harmonieren – und deshalb ein absolut anderes Ergebnis zeigen. Optisch wie geschmacklich! Zutaten gleich, Küchentechnik anders, Ergebnis unvergleichlich ...

Zubereitungszeit: 20 Minuten + Koch- und Abkühlzeit der Kartoffeln

Für 4 Personen

600 g mehligkochende Kartoffeln (z. B. Bintje, Adretta, Gala)
½–1 Tasse heiße Fleisch- oder Gemüsebrühe
1 Rezeptmenge Senf-Vinaigrette (siehe Seite 238) mit Sherry-Essig
1 große Knoblauchzehe
1 kleines Glas (40 ml) trockener Sherry (Fino oder Amontillado)
2 violette oder graue Schalotten
1 Sträußchen Kerbel
50 g gehackte Haselnüsse
1 EL Haselnussöl (alternativ Olivenöl)
100 g luftgetrockneter spanischer Bergschinken (Serrano) in hauchdünnen Scheiben

Kartoffeln in der Schale kochen und abkühlen lassen, bis man sie gut anfassen kann. Dann pellen, ganz in die Salatschüssel legen, jede nur einmal mit einer Gabel in der Mitte aufbrechen und mit der Hälfte der heißen **Brühe** übergießen. Ziehen lassen, bis die vorbereitenden Arbeiten erledigt sind.
Die **Vinaigrette** aufschlagen und die **Knoblauchzehe** durch die Presse hineindrücken. Den **Sherry** angießen und kräftig einrühren. **Schalotten** fein würfeln und zufügen, abgezupfte **Kerbelblättchen** dazustreuen und alles miteinander sanft, aber innig verrühren.
Die **Haselnüsse** im **Haselnussöl** kurz erhitzen und gerade eben anrösten. Heiß zu den Kartoffeln geben und jetzt auch die Vinaigrette angießen. Mit der Gabel die Kartoffeln sofort noch ein wenig mehr zerteilen und zerdrücken und mit Vinaigrette und Haselnüssen vermischen, wobei sich die Kartoffeln in auseinanderfallenden Stückchen und Brei fast auflösen dürfen. Falls das nicht geschieht, noch etwas von der heißen **Brühe** angießen. Alles in der Salatschüssel zusammenschieben oder auf eine Platte häufen.
Schinkenscheiben auseinanderzupfen und wie winzige Taschentücher dicht nebeneinander auf den noch warmen Kartoffelmatsch fallen lassen. Sie sacken unter der Einwirkung von dessen Wärme in sich zusammen und entwickeln dabei ihr volles Aroma und duften verführerisch ... Sofort auf den Tisch stellen!

TIPP Serrano-Schinken ist ein Oberbegriff, der nichts anderes bedeutet, als dass der Schinken aus den Bergen kommt. Was freilich für die perfekte Luftreifung wichtig ist. Über die Qualität sagt das noch nicht viel aus. Spitze sind die Schinken mit der Bezeichnung „Iberico“ und „Bellota“ mit der zusätzlichen Auskunft, dass die Schinken von Schweinen der Rasse „Pata Negra“ stammen, wozu on top noch Eichelfütterung ausgewiesen werden kann. Ganz schön viele Angaben, aber gut zu wissen, wenn man wirklich absolute Spitzenqualität haben will.

PASST ZU gebratenen Nierchen. Noch besser: Die Kalbsnieren im Ganzen, im eigenen Fettmantel im Ofen backen, mitsamt dem Fett dünn aufschneiden und auf vorgewärmtem Teller servieren.
GETRÄNK Ein Rioja Reserva (von der Hauptrebsorte Tempranillo bestimmt).

Kartoffelsalat
MIT SERRANO-SCHINKEN II

BEILAGEN-KLASSIKER

Die ideale Ergänzung zu Leibgerichten.

In allen Küchen der Welt kennt man Kombinationen von Gerichten, die sich als ideal erwiesen haben. Zusammenstellungen, die man nicht nur als passend empfindet, sondern ganz selbstverständlich erwartet. Es käme zum Beispiel niemand auf die Idee, zum Wiener Schnitzel Kartoffelknödel zu bestellen. Dazu gehört ganz selbstverständlich Kartoffelsalat.

Es ist geradezu ein Topos, eine jener Traditionen, die man nicht infrage stellt. Auch wenn heutzutage in puncto Kreativität nahezu alles erlaubt und auch durchaus möglich erscheint. Selbst Pommes frites, die weltweit allerbeliebteste Kartoffelzubereitung, die ja oft neben dem Schnitzel auf dem Teller liegen, können den klassischen Kartoffelsalat als Begleiter nicht verdrängen: Im gemischten Salat, der dazu gereicht wird, hat selbstverständlich auch immer Kartoffelsalat seinen Platz.

Auf den folgenden Seiten finden Sie eine kleine Auswahl solch geradezu institutioneller Partnerschaften.

ERDÄPFEL-VOGERL- UND
Erdäpfel-Gurkerl-Salat

Mit Feldsalatröschen ist es die Winterversion, im Sommer nimmt man statt Feldsalat Gurke für diesen Kartoffelsalat. Er ist die zwingende Beilage zum Wiener Schnitzel, das mit einem Zitronenschnitz, auf keinen Fall aber mit einer Sardelle serviert wird – die wäre nämlich nur nötig, wenn das Fleisch des Schnitzels nicht mehr so ganz frisch ist und seine Anrüchigkeit übertönt werden soll. Passt natürlich nicht weniger gut zu Backhendl oder paniertem Fischfilet, zu Würsten und Leberkäs, gebratenem oder gegrilltem Fleisch oder Fisch.

Zubereitungszeit: 20 Minuten + Kochzeit der Kartoffeln

Für 2–3 Personen

500 g festkochende Kartoffeln (z. B. Kipfler, Bamberger Hörnla, Sieglinde)
1 milde weiße oder rosa Zwiebel
2–3 EL milder Essig (vorzugsweise Apfelessig)
Salz
schwarzer Pfeffer aus der Mühle
2–4 EL heiße Fleischbrühe
1 EL gutes Olivenöl (z. B. aus Istrien)
100 g Feldsalat (rundblättriges Mausohr) bzw. ½ Salatgurke
2 EL Kürbiskernöl

Kartoffeln in der Schale waschen und gar kochen. Etwas auskühlen lassen, aber unbedingt noch warm weiterverarbeiten.

Unterdessen für die Marinade die **Zwiebel** sehr fein würfeln, mit **Essig, Salz** und **Pfeffer** verrühren – wem das feine Schneiden zu mühsam ist, kann die Zwiebel auch auf der Rohkostreibe zerkleinern. Die Kartoffeln pellen, in sehr dünne Scheiben schneiden und mit der Zwiebel mischen.

So viel heiße **Brühe** zufügen, bis die Kartoffeln eine schöne Bindung haben – je speckiger die Sorte ist, desto weniger Brühe wird benötigt. Immer wieder umwenden. Das **Olivenöl** erst nach frühestens 10 Minuten untermischen.

Inzwischen den **Feldsalat** mehrmals gründlich waschen und sorgfältig putzen: Welke Keimblättchen mit dem Wurzelansatz abschneiden, aber die Rosetten unbedingt ganz lassen. Gut abtropfen lassen, dabei durchschütteln, eventuell vorsichtig trocken schleudern.

Oder: Die **Gurke** schälen und sehr dünn zu den Kartoffeln hobeln und untermischen.

Den Feldsalat beziehungsweise die Gurkenscheiben erst unmittelbar vor dem Servieren auf dem Kartoffelsalat verteilen und vorsichtig untermischen. Zum Schluss alles mit **Kürbiskernöl** dekorativ beträufeln und sofort servieren.

TIPP Die Kartoffeln müssen in wirklich millimeterdünne Scheiben geschnitten werden, sonst sind sie zu schwer und zerdrücken die zarten Salatrosetten. Der Feldsalat sollte vom Freiland sein und schon den ersten Frost bekommen haben – nur dann ist er fest genug und hat den vollen Geschmack.

Je jünger und schlanker die Gurke, desto weniger Wässriges umgibt die kaum ausgebildeten Kerne – und der Salat wird nicht zu saftigflüssig. Zudem sind dann Geschmack und Textur zarter und feiner.

PASST ZU siehe oben.

JAPANISCHER KARTOFFELSALAT

Zwar haben die Portugiesen erst in der Neuzeit die Methode des Frittierens nach Japan gebracht, doch hat man sie hier zu höchster Kunst entwickelt: zu Tempura. Der leichteste vorstellbare Teig umhüllt das knackig erhaltene Gemüse, den auf den Punkt gegarten Fisch, die festfleischige Garnele oder das innen noch rosa-saftige Fleisch zart und knusprig ... Früher hat man dazu einfach Mayonnaise serviert, inzwischen hat man aber längst entdeckt, dass ein Kartoffelsalat hervorragend zu Frittiertem passt – was die Wiener ja schon seit Langem wissen. Hervorragend aber auch zu Sashimi.

Zubereitungszeit: knapp 10 Minuten + Koch- und Abkühlzeit der Kartoffeln

Für 4 Personen

400 g Salatkartoffeln
100 g knackig frische, junge Möhren
100 g junge, feste Salatgurke
1 Frühlingszwiebel
60 g japanische Mayonnaise (Fertigprodukt oder selbst hergestellt – siehe Seite 245)

Kartoffeln in der Schale kochen, abgießen und abkühlen lassen. Dann pellen und auf dem Gemüsehobel in 1 mm feine Scheiben hobeln. **Möhren** sowie geschälte und entkernte **Gurke** noch feiner hobeln, nur 0,5 mm stark. Beides getrennt mit einem großen Messer in unregelmäßige, kleinere Plättchen schneiden. Das Weiße der **Frühlingszwiebel** ebenso fein hobeln, das Grüne in Ringe schneiden und beiseitelegen.

Alles mit der **Mayonnaise** umwenden, wobei die Kartoffelscheiben in ebenso kleine Plättchen wie das Gemüse zerfallen dürfen. Mit den beiseitegelegten Frühlingszwiebelringen bestreut servieren.

KARTOFFELSALAT MIT WASABI-DRESSING

Ist eine gute Alternative. Hierzu sollten die Kartoffeln nicht vollkommen abgekühlt sein, sondern noch lauwarm. Der Salat wird erst in allerletzter Minute mit dem Dressing fertig gemacht.

Zubereitungszeit: gut 45 Minuten (inkl. Dashi und Dressing)

Für 4 Personen

400 g Salatkartoffeln
3–4 EL Dashi (siehe Seite 219)
1 Rezeptmenge Wasabi-Dressing (siehe Seite 241)

Kartoffeln in der Schale kochen und das **Dashi** ansetzen.
In der Zwischenzeit das **Dressing** zubereiten.
Die noch gut warmen Kartoffeln pellen, in Scheiben schneiden und mit Dashi beträufeln. Kurz ziehen lassen, das Dressing unterheben und abschmecken. Sollte der Kartoffelsalat nicht „schmatzen", noch etwas Dashi untermischen.

PASST ZU Tempura und Sashimi und auch vorzüglich zu kaltem Geflügel, Würsten und Meeresfrüchten.

JAPANISCHER *Kartoffelsalat*

Kartoffelsalat MIT WASABI-DRESSING

RUSSISCHER
Kartoffelsalat

Ein winterliches Gericht, das aus Russlands Küchentradition stammend die ganze damalige Sowjetunion erobert hat – und deshalb heute in fast allen zentralasiatischen Ländern als ein typisches Heimatessen empfunden wird. Viele Menschen freuen sich dort schon Monate im Voraus auf den Herbst, wenn das frische Sauerkraut auf den Markt kommt, die Wurzelgemüse vom Garten in den Keller geschafft und die ersten Schweine, Schafe oder Ziegen geschlachtet werden. Da bereitet man dann gar stattliche Portionen zu und schlägt sich den Bauch so richtig voll – nicht nur mit dem gehaltvollen Salat, sondern begleitet von Bouletten, Koteletts oder einem schönen Krustenbraten. Und dem dazugehörigen „Wässerchen"…

Zubereitungszeit: 40 Minuten + Einweichzeit über Nacht und ca. 60 Minuten bis 1 Stunde 50 Minuten Garzeit

Für 6–8 Personen

250 g getrocknete Bohnenkerne (z. B. Wachtel- oder braun-rote Feuerbohnen)
Salz
2 schöne Rote-Bete-Knollen
4 große Möhren
8 große Kartoffeln (vorwiegend fest- oder mehligkochend)
2–3 große Zwiebeln
6 EL Pflanzenöl (z. B. Sonnenblumen- oder Rapsöl)
500 g frisches Sauerkraut
4 saure Gurken (Salzgurken)
schwarzer Pfeffer aus der Mühle

Die **Bohnenkerne** bereits am Vortag in einem passenden Topf mit kaltem Wasser bedecken. Am nächsten Tag abgießen, mit frischem Wasser aufsetzen, **salzen** und weich kochen.
Rote Bete, Möhren und **Kartoffeln** ungeschält und getrennt in etwas **Salzwasser** gar kochen – etwas weicher als bissfest. Abgießen, abkühlen lassen und schälen. Klein würfeln und in eine große Schüssel geben.
Inzwischen die **Zwiebeln** schälen, in Ringe hobeln und in 2 EL **Öl** in einer beschichteten Pfanne langsam glasig dünsten.
Währenddessen das rohe **Sauerkraut** locker verzupfen und die **sauren Gurken** in Würfel schneiden. Beides mit den noch warmen Zwiebeln und abgetropften Bohnen zum Gemüse geben. Das restliche **Öl** angießen und alles gründlich umwenden. Mutig **pfeffern** und mit Gurkenflüssigkeit, die ja salzig und sauer ist, abschmecken.

TIPP Glauben Sie nicht den Menschen, die behaupten, diesen Salat könne man ohne Geschmacksverlust aus Dosengemüse in kurzer Zeit auf den Tisch zaubern! Das mag nur für den Notfall plötzlicher Überfälle von Großfamilien ausreichen. Und wäre für die Kartoffeln, die auch dann nicht aus dem Glas kommen dürfen, eine absolute Beleidigung!

PASST ZU Fleisch und Wurst fast jeder Art.
GETRÄNK Bier, gegen Ende der Mahlzeit auch Wodka.

Wir verheiraten hier die milde, fast cremige Würze der Kartoffel mit der zartbitteren Knackigkeit des herbstlich-winterlichen Endiviensalats, den man ganz oder teilweise durch seinen noch etwas bittereren Bruder Radicchio ersetzen kann. Die Paarung eignet sich durch die bittere, die Magensäfte stimulierende Note zwar bestens als Appetitanreger, begleitet aber durch die ergänzenden Aromen von Zwiebel und Estragonessig auch hervorragend nature gebratene Schweineschnitzel oder Koteletts, das geschnetzelte Bœuf Stroganoff aus der Rinderfiletspitze oder ein klassisches Fondue bourguignonne.

Zubereitungszeit: 35–40 Minuten

Für 6 Personen

1 kg festkochende Kartoffeln
1 mittelgroßer Endiviensalat oder
2 kompakte Radicchio-Köpfchen
1 große violettrosa Zwiebel
(z. B. Höri-Bülle oder Cipolle di Tropea)
2–3 Knoblauchzehen
Salz
schwarzer Pfeffer aus der Mühle
3 EL Estragonessig
3 EL herb-bitteres Olivenöl
(vorzugsweise aus der Toskana)
3–5 EL heiße Gemüse- oder
Fleischbrühe

Die **Kartoffeln** in der Schale gar kochen, abgießen und nur ein wenig abkühlen lassen.
Inzwischen die **Endivie** putzen, hässliche und zu dunkelgrüne Außenblätter entfernen, aber den Kopf ganz lassen. Gründlich waschen, sorgfältig trocken schütteln beziehungsweise ausschlagen, dann die Blätter zusammenraffen und quer vom Wurzelansatz her in haarfeine Streifen schneiden – wie Tagliarini, „feinnudelig" sagt man gern dazu und meint damit tatsächlich 2 mm schmal. Oder: **Radicchio** nur von den äußeren, angewelkten Blättern befreien und quer zum Wurzelansatz fein aufschneiden.
Zwiebel und **Knoblauchzehen** ebenso fein würfeln, mit **Salz, Pfeffer, Essig** und **Öl** verrühren.
Die Kartoffeln noch warm pellen und in Scheiben schneiden. Mit der **Brühe** benetzen, dabei auch das **Salz** überprüfen – sie müssen jetzt schon beim Umwenden „schmatzen". Schließlich mit den Endivien- oder Radicchiostreifen und der Vinaigrette innig vermischen und sofort servieren.

TIPP Man kann auch mehligkochende Kartoffeln nehmen, diese noch heiß pellen, mit dem Stampfer zerdrücken und mit der Brühe (oder auch Sahne) benetzen, um sie schließlich mit den in der Salatsauce und den darin gewendeten Endivien- oder Radicchiostreifen zu vermischen, braucht dafür aber etwas mehr Essig und vor allem Öl.

PASST ZU siehe oben.

Kartoffelsalat
MIT ENDIVIE UND/ODER RADICCHIO

Kartoffelsalat
MIT KERBEL UND ERBSEN

Nicht nur das Wiener Schnitzel ist ein Lieblingsessen, das nach Kartoffelsalat als Begleiter ruft – auch das Backhendl und das Schnitzel Cordon bleu (meist Kalb oder Schwein, aber auch Hühnerbrust, gefüllt mit Schinken und Käse, paniert und herausgebacken). Natürlich passt jeder Erdäpfelsalat, jeder süddeutsche Kartoffelsalat. Zum zarten Hühnerfleisch gefällt uns aber dieses Rezept noch besser, denn das vielleicht feinste aller Gemüse harmoniert damit besonders gut – junge Erbsen, die sich mit Kartoffeln ausgezeichnet vertragen. Mit reichlich Kerbel von frühsommerlicher, französisch anmutender Frische und dem exotischen Touch von Kokossahne, die hier das übliche Öl ersetzt.

Zubereitungszeit: 20 Minuten + Kochzeit der Kartoffeln

Für 4 Personen

600 g festkochende Kartoffeln
125 ml heiße Brühe
200 g junge Erbsen (gepaltes Gewicht; alternativ TK-Ware – siehe Tipp)
1 kleine, milde rote Chilischote
1 gute Handvoll Kerbel (alternativ Petersilie mit Estragon)
1 kleine Zwiebel (alternativ Schalotte oder Frühlingszwiebel)
1 guten EL Weißwein- oder 2 EL Apfelessig
4–5 EL Kokosmilch (Tetra Pak)
Salz
schwarzer Pfeffer aus der Mühle
evtl. etwas neutrales Öl und/oder Zitronen- oder Limettensaft

Die **Kartoffeln** in der Schale gar kochen. Noch warm pellen und in Scheiben schneiden, mit der heißen **Brühe** übergießen und kurz ziehen lassen.
In der Zwischenzeit die **Erbsen** palen, blanchieren und abtropfen lassen. **Chilischote** entkernen und in winzige Würfelchen schneiden. **Kräuterblättchen** abzupfen und hacken, **Zwiebel** fein würfeln oder reiben. Mit **Essig, Kokosmilch, Salz** und frisch gemahlenem **Pfeffer** unter die Kartoffelscheiben mischen. Den Salat jetzt nicht mehr lange stehen lassen, sondern abschmecken und eventuell mit **Öl** und/oder **Zitronensaft** korrigieren und servieren.

TIPP Tiefgekühlte Erbsen in einem Sieb unter heißes Wasser halten oder in einem geschlossenen Topf im Dampf antauen. Abgetropft an die noch warmen Kartoffeln geben und untermischen – in deren Wärme können sie dann vollends auftauen.

PASST ZU siehe oben.

Zu kurz gebratenem oder gegrilltem Fleisch, innen stark rosa oder sogar roh, schmecken rohe, milde Zwiebeln besonders gut. Und in Folie gebackene Kartoffeln. Wir führen diese beiden Zutaten gern in einem würzigen Salat zusammen, in dem auch knackige Elemente vorkommen. Die Kartoffeln übernehmen dabei nicht nur die Aufgabe zu sättigen, sondern haben eine verbindende, besänftigende Funktion, die wir von Brot in anderen Kombinationen kennen: Auch zu gegrilltem Hackfleisch – ob Burger oder Döner – liebt man rohe Zwiebeln und braucht ein gleichzeitig sättigendes und neutralisierendes Element. Unser Salat kann das ebenfalls bestens bieten!

Zubereitungszeit: 15 Minuten + Kochzeit der Kartoffeln

Für 4 Personen

500 g festkochende Kartoffeln
½ Tasse heiße Fleisch- oder Gemüsebrühe
2 große, milde Zwiebeln
½ rote Paprikaschote
ca. 100 g Erbsenschoten (Mange-touts; alternativ grüne Bohnen)
6–8 Blättchen Liebstöckel (Maggikraut)
3 EL Estragonessig
2 TL scharfer Senf
Salz
weißer Pfeffer aus der Mühle
2–3 EL Walnussöl

Kartoffeln in der Schale gar kochen. Abgießen und lauwarm werden lassen. Pellen, in Scheiben schneiden. Mit **Brühe** übergießen und ziehen lassen.
Inzwischen **Zwiebeln** würfeln, **Paprika** ebenfalls. Die blanchierten, dann eiskalt abgeschreckten **Erbsenschoten** oder **Bohnen** schräg in 2 cm breite, die **Liebstöckelblätter** in nur 1 mm feine Streifen schneiden. Alles den Kartoffeln zufügen.
Essig mit **Senf, Salz** und mutig dazugemahlenem weißem **Pfeffer** verrühren, dann das **Öl** kräftig einrühren. Die Marinade über die Salatzutaten gießen und diese so vorsichtig umwenden, dass die Kartoffelscheiben einigermaßen erhalten bleiben.

TIPP Die milden Zwiebelsorten sind leider auf Deutschlands Märkten und in den Geschäften nicht so präsent wie in anderen Ländern, man muss sie regelrecht suchen. Junge weiße Sommerzwiebeln, rosa Roscoff- und violette Tropea-Zwiebeln sowie die Höri-Bülle vom Bodensee findet man in den vergangenen Jahren zum Glück immer öfter mal wieder.

PASST ZU siehe oben. Besonders auch zu Medaillons von Reh, Damwild, Hirsch, Gemse oder Wildschwein.

Kartoffelsalat
MIT MILDEN ZWIEBELN

Kartoffelsalat
MIT OLIVEN

Im Mittelmeerraum liebt man die Paarung von Kartoffeln und Oliven, meist in Eintöpfen oder Pfannen in Verbindung mit Fisch oder Fleisch. Der typische kräftige Olivengeschmack geht mit den intensiven Kräutern der südlichen Regionen eine wunderbare Verbindung ein, die durch die sanften Kartoffeln hervorragend getragen wird. Das macht man sich auch in Salaten zunutze, wobei die Säure meist relativ schwach bleibt, die Speisen oft mächtig im Magen liegen. Wir fügen lieber noch etwas rohes Gemüse hinzu und setzen mit mehr Säure stärkere, die Verdauung anregende Akzente.

Zubereitungszeit: 15 Minuten + Koch- und ca. 2 Stunden Abkühlzeit der Kartoffeln

Für 4 Personen

750 g kleine, junge, frisch geerntete, gerade eben schalenfeste Kartoffeln (siehe Anmerkung)
2 mittelgroße Tomaten
3 Frühlingszwiebeln
2 Selleriestangen
100 g entsteinte violette Oliven oder 150 g ganze Oliven
je 1 EL frische Thymianblättchen und Rosmarinnadeln
2 EL Weinessig oder 4 EL Zitronensaft (nach Geschmack)
2 EL Olivenöl
1 Knoblauchzehe
Salz
schwarzer Pfeffer aus der Mühle

Kartoffeln in der Schale kochen, etwa 2 Stunden auskühlen und dabei abbinden lassen; erst dann pellen und in Achtel teilen.
Die **Tomaten** mit kochendem Wasser überbrühen, abschrecken, häuten, entkernen und zentimeterklein würfeln. Wenn man kleine, feste Cocktail- oder Datteltomaten nimmt, kann man sie, einfach halbiert, auch mit Haut verwenden. **Frühlingszwiebeln** in Ringe schneiden. **Sellerie,** falls nötig, fädeln und schräg in schmale Scheiben schneiden. **Oliven** entsteinen, wenn sie das nicht bereits sind. **Kräuter** sehr fein wiegen, bis fast ein Mus entstanden ist. Alles über die Kartoffeln geben.
Aus **Weinessig** oder **Zitronensaft, Olivenöl,** der durch die Presse hinzugedrückten **Knoblauchzehe, Salz** und **Pfeffer** eine Marinade rühren und den Salat damit anmachen. Er muss nicht gleich serviert werden, sondern kann ruhig noch etwas nachziehen.

TIPP Wenn es schnell gehen soll, nehmen wir statt Thymian, Rosmarin und Oliven 2 oder 3 EL Tapenade, eine mit eben diesen Kräutern gewürzte Olivenpaste aus der Provence, und verzichten auf die Ölzugabe. Haben wir ligurische Olivenpaste, die meist nicht gewürzt ist, ergänzen wir deren Geschmack mit viel frischem Basilikum. Dann ist auch eher Zitronensaft (mit etwas abgeriebener Zitronenschale) als Essig angesagt.

ANMERKUNG Im mediterranen Raum ist die Lagerkartoffel weitgehend unbekannt, man kann ja das ganze Jahr über frische Kartoffeln ernten. Diese sind zwar einerseits nicht wirklich festkochend, bilden aber nicht so viel Stärke aus wie unsere Lagerkartoffeln. Deshalb binden sie weniger fest ab und bleiben gleichzeitig lockerer und saftiger, können daher gut nach dem Abkühlen verarbeitet werden und brauchen keine Flüssigkeit zum Nachziehen. Kartoffeln mit ähnlichen Eigenschaften gibt's bei uns nur in den Sommermonaten – im eigenen Garten, beim Bauern selbst oder auf Bauern- und Wochenmärkten.

PASST ZU gebratenem Fisch (Seehecht/Nasello oder Drachenkopf) oder gegrilltem Fleisch (Lammkoteletts).

VOLL IM TREND

Frische, moderne und fantasievolle Rezepte und wozu sie besonders gut passen.

Für eine ganze Reihe von Gerichten ist ein Kartoffelsalat der typische Begleiter. Aber fast immer wird, ob im Haushalt oder in der Gastronomie, auf die altbekannte oder in der Gegend gebräuchliche Variante zurückgegriffen – wie langweilig! Selbst wenn man mit gewissem Anspruch an die Zusammenstellung der Mahlzeit geht, endet bei der Komposition des Kartoffelsalats meist die Fantasie. Zum Beispiel beim Grillen: Da wird viel Augenmerk auf das verwendet (vor allem von den männlichen Grillmeistern) , was auf den Rost kommt. Was dazu gegessen wird, ist nicht so wichtig – der übliche Kartoffelsalat eben – „passt schon ..." Dabei könnte man doch viel interessantere Paarungen erfinden, indem man den Kartoffelsalat mit passenden Zutaten auf das zu begleitende Gericht abstimmt. Dabei kann man einerseits Harmonie anstreben, also Ähnliches kombinieren, andererseits aber auch auf Konfrontation gehen, was natürlich spannender ist. Wir empfehlen, je nach Lust und Laune, Tages- und Jahreszeit in diese Richtung zu experimentieren. Essen soll ja nicht nur sättigen und gesund, sondern auch abwechslungsreich sein und Spaß machen. Schon mit kleinen Ergänzungen kann man das ohne viel Mühe, in kurzer Zeit und mit wenig Geld erreichen!

Lauch und Kartoffeln passen ja ohnehin perfekt zusammen, sie vereinen sich gern auch zu einem höchst stimmigen Salat. Die Senfkörner dürfen zunächst mit dem Lauch in seinem Sud mitziehen und darin aufquellen und ergeben im Salat einen würzigen Effekt. Es knackt regelrecht, wenn man auf sie beißt. Wir verwenden die gelben Senfsamen, die eher mild sind. Die braunen liefern eine beißende Schärfe, die leicht zu viel werden könnte.

Zubereitungszeit: 15 Minuten + Kochzeit der Kartoffeln und 15 Minuten Garzeit

Für 4 Personen

750 g festkochende Kartoffeln
2 Lauchstangen (300 g)
4 EL Olivenöl
2 EL gelbe Senfsaat
Salz
schwarzer Pfeffer aus der Mühle
frisch geriebene Muskatnuss
3 EL herzhafter Essig (z. B. Weinessig, Sherry-Essig, Chili-Essig)
1 Händchen (oder Kästchen) Gartenkresse

Kartoffeln in der Schale gar kochen. Abgießen und einige Minuten ausdampfen lassen.
In der Zwischenzeit den **Lauch** putzen; beschädigte äußere Blätter entfernen, auch die oberen dunklen Teile und das Wurzelende abschneiden. Die Stangen längs aufschlitzen und gründlich auswaschen. Dann schräg in zentimeterbreite Scheiben schneiden. In einem weiten, flachen Topf, in dem der Lauch möglichst viel Bodenkontakt hat, 2 EL **Öl** erhitzen. Den Lauch darin andünsten, **Senf** und **Salz** zugeben und abgedeckt auf milder Hitze langsam etwa 15 Minuten im eigenen Saft dünsten.
Kartoffeln pellen und in Scheiben schneiden, nicht ganz so dick wie die Lauchscheiben. In eine Schüssel geben, den Lauch mitsamt dem Sud und den Senfkörnern darüberschütten. **Pfeffer** darübermahlen, etwas **Muskat** hineinreiben und den **Essig** angießen.
Die **Kresse** abschneiden und zufügen. Alles miteinander mischen, erst jetzt das restliche **Öl** einarbeiten.

PASST ZU gebratenem oder gesottenem Fisch oder zu pochierten Eiern.
GETRÄNK Ein kräftiger Weißwein, etwa ein Sauvignon aus der Pfalz, aus der Steiermark oder aus Südtirol.

Kartoffelsalat
MIT LAUCH UND SENFSAAT

KARTOFFEL-AVOCADO-
Salat

Die meisten Avocados werden speziell für den deutschen Markt oft zu unreif geerntet – der Handel will das so, damit sie sich im Laden lange halten. Solche Früchte werden selten schmelzend zart und aromatisch, auch wenn man sie – wie immer wieder empfohlen – in Zeitungspapier wickelt und an einen warmen Ort legt. Seit einiger Zeit findet man häufiger auch Früchte mit dem Hinweis „zum sofortigen (oder baldigen) Verzehr geeignet". Was natürlich prima ist, aber manchmal nicht stimmt. Sie können dann nämlich auch überlagert sein, das Fruchtfleisch ist braun, sogar ausgetrocknet oder verschimmelt. Also beim vertrauenswürdigen Händler kaufen, der sein Angebot ständig kontrolliert!

Zubereitungszeit: 15 Minuten + Koch- und 3–4 Stunden Abkühlzeit der Kartoffeln

Für 4 Personen

500 g Salatkartoffeln
Salz
1 TL schwarze Pfefferkörner
1 gehäufter TL Pimentkörner
2 saftige Zitronen (vorzugsweise die milden und saftigen von der amalfitanischen Küste)
2 normal große Avocados (z. B. Hass, Ettinger, Fuerte) oder eine ganz große (z. B. Nabal)
3–4 violette Schalotten
1 rote Chilischote
1 Stengel Estragon

Kartoffeln schrubben, in der Schale kochen und 3–4 Stunden langsam fast vollständig abkühlen und abbinden lassen.
Salz mit **Pfeffer-** und **Pimentkörnern** im Mörser zerstampfen und **Zitronen** auspressen. **Avocado(s)** auslösen: halbieren, entkernen und das zarte Fruchtfleisch mit einem Teelöffel in Flöckchen aus der Schale schaben. Sofort mit dem **Zitronensaft** vermischen, damit das Fleisch nicht bräunlich anläuft.
Kartoffeln schälen und in Scheiben schneiden. Mit den im letzten Moment sehr fein gewürfelten **Schalotten,** der entkernten und gewürfelten **Chilischote,** den abgezupften und fein geschnittenen **Estragonblättchen** sowie der gemörserten Gewürzmischung zur Avocado geben. Alles heftig durchmischen, bis eine saftige Masse entstanden ist.

VARIATIONEN Statt Estragon passen besonders gut auch Dill, Pimpinelle oder Kerbel. Sind die Zitronen nach der Ernte unbehandelt, können Sie ein wenig Schale über den Salat reiben. Ansonsten auch vorzüglich und exotischer mit Limettensaft aromatisieren, der mit etwas karibischer Chili (Habanero, Martinique) und Koriander oder Quillquina noch viel gewinnt.

TIPP Öl ist wegen des Fettgehalts der Avocado an diesem Salat absolut überflüssig.

PASST ZU gebratenem oder gegrilltem Fisch, Steak, Schweinekotelett oder Secreto.
GETRÄNK Ein trockener, aromatischer Weißwein (Sauvignon Blanc, Scheurebe, Muskateller, Riesling), Sherry (Fino oder Manzanilla), trockener Vermouth (Noilly Prat) oder Bier.

Schmeckt besonders gut zu gegrilltem oder gebratenem Fisch. Mit den großen, nicht ausgeprägt sauren, sondern mild-fruchtigen Zitronen von der amalfitanischen Küste am besten (siehe Seite 235), auch mit Blutorangen aus Sizilien ist der Salat ein Gedicht. Nach dem Anmachen nicht mehr stehen lassen, damit sich die in Öl eingehüllten Salzkristalle nicht auflösen, sondern beim Verspeisen noch spürbar knacken – ein Effekt, der sich beim gleichzeitigen Genuss des Salats mit dem Fisch geschmacksintensivierend bemerkbar macht. Da die meisten blauen Kartoffeln mehlig sind, sollten sie erst nach dem fast vollständigen Abkühlen gepellt und in Scheiben geschnitten werden.

Zubereitungszeit: 15 Minuten + Koch- und Abkühlzeit der Kartoffeln

Für 3–4 Personen

500 g blaue Kartoffeln (z. B. Odenwälder, Violettes de Bourgogne, Blaue Schweden)
2 große Biozitronen oder Bioblutorangen (z. B. Moro)
3–4 EL natives Olivenöl extra (vorzugsweise ein kräftiges Öl aus Sizilien oder Griechenland)
1 TL grobes Meersalz
weißer Pfeffer aus der Mühle
1 große oder 3 kleine Knoblauchzehen
1 Bund glatte Petersilie
1 große oder 2 mittlere Fenchelknollen (350 g)

Kartoffeln in der Schale kochen und auskühlen lassen. Pellen und in nicht zu dünnen Scheiben in eine Salatschüssel schneiden.
Die Schale der **Zitronen** oder **Orangen** darüberreiben. Die Früchte bis zum Fruchtfleisch schälen. Die schönen Filets aus den Häuten schneiden, dabei über den Kartoffeln arbeiten, um den abtropfenden Saft aufzufangen. Die Reste ebenfalls darüber auspressen.
Das **Olivenöl** mit dem groben **Meersalz** vermischen und über die Kartoffeln gießen. Diese mit reichlich **Pfeffer,** durchgepresstem **Knoblauch** und der in Streifen geschnittenen **Petersilie** würzen und umwenden.
Die geputzte(n) **Fenchelknolle(n)** kreuzweise bis zum Wurzelansatz einschneiden und auf dem Gurkenhobel über die Kartoffeln hobeln. Den Kartoffelsalat noch einmal umwenden und abschmecken, dann aber sofort servieren.

TIPP Einen besonderen Touch bekommt dieser Salat, wenn man rosa Beeren, früher rosa Pfefferbeeren genannt, hineinmahlt.

PASST ZU siehe oben.

Kartoffelsalat MIT FENCHEL

KARTOFFEL-SPINAT-
Salat

Die Spinatblätter in diesem Salat bleiben natürlich roh. Am besten eignen sich die kleinen, festen Herzblätter von Winterspinat. Die dunkleren und robusteren äußeren Blätter kann man ja anderweitig verarbeiten. Die zarten Blätter des Frühlings- und Frühsommerspinats könnte man natürlich auch verwenden, sie werden durch die Kartoffeln jedoch stets ein wenig zerdrückt, was nicht so schön aussieht. Auf jeden Fall sollten die Kartoffeln hierfür fast vollkommen abgekühlt sein, um sie nicht zu zermatschen. Den Salat gleich nach dem Anmachen servieren!

Zubereitungszeit: 20 Minuten + Kochzeit der Kartoffeln

Für 4 Personen

800 g mittelgroße, festkochende Kartoffeln
1 milde weiße oder rote Zwiebel
1 milde, große rote Chilischote oder auch ½ rote Paprikaschote
250 g möglichst feste Spinatblätter (geputzt gewogen)
100 g roher oder gekochter Schinken in dünnen Scheiben (nach Belieben)
1 Biozitrone
2–3 Knoblauchzehen
Salz
weißer Pfeffer aus der Mühle
1 Msp. gemahlene Muskatblüte (Macis)
3–4 EL erstklassiges natives Olivenöl extra
2 EL Pinienkerne

Die **Kartoffeln** in der Schale weich kochen, abgießen und nur ganz kurz abkühlen lassen – nur so, dass man sie gerade anfassen kann. In der Zwischenzeit **Zwiebel** und entkernte **Chili-** oder **Paprikaschote** sehr fein würfeln. Den **Spinat** sorgfältig verlesen, alle nicht perfekten Partien aussondern, Stiele entfernen, die Blätter waschen und gut abtropfen lassen oder in einem Küchentuch so lange schütteln, bis sie praktisch trocken sind. Wenn gewünscht, die **Schinkenscheiben** aufeinanderlegen und in feine Streifen schneiden.
Zitrone in eine Salatschüssel auspressen, ein wenig von der Schale dazureiben. Die geschälten **Knoblauchzehen** durch die Presse hineindrücken und mit **Salz,** reichlich **Pfeffer** sowie **Muskatblüte** verquirlen. Erst dann das **Olivenöl** nach und nach hineinträufeln und die Sauce cremig aufschlagen.
Die noch gut warmen Kartoffeln pellen und in dünnen Scheibchen hineinschnibbeln. Sofort Zwiebeln, Chili und Schinken sowie **Pinienkerne** darauf verteilen und alles behutsam untermischen – nicht zu heftig umwenden, damit die Kartoffelscheiben nicht völlig zerfallen. Erst zum Schluss die Spinatblätter untermischen, dann den Salat sofort servieren.

TIPP Den Salat sehr schnell anmachen, die Kartoffeln sollten noch gut warm sein, wenn sie die Marinade aufnehmen und durch ihre Wärme die steifen Spinatblätter weicher machen. Sollten sie mehr Flüssigkeit benötigen, etwas heiße Gemüse- oder Fleischbrühe oder Bratensauce zufügen.

PASST ZU kräftigen Schmorgerichten (etwa Burgunderfleisch, falscher Hase), frittiertem oder gebratenem Fisch.

In der Steiermark und in Kärnten liebt man diese großen Bohnenkerne, deren merkwürdige Bezeichnung mit Käfern nichts zu tun hat. Sie leitet sich vielmehr von „Kefen" ab, dem süddeutsch-schweizerischen (alemannischen) Wort für „Schoten". Während man in der Schweiz damit Mange-touts oder Zuckerschoten meint, bezeichnete es im Badischen einst Breite, Schwert- oder Prunkbohnen, vor allem auch die getrockneten Hülsen. Die getrockneten Kerne – gleichgültig, ob cremeweiß, braun oder violett-schwarz gesprenkelt – werden meist pur als Salat zubereitet, wir finden die Kombination mit Kartoffeln aber noch besser, weil deren Konsistenz das Mundgefühl bereichert und den Geschmack hebt.

Zubereitungszeit: 10 Minuten + Einweichzeit über Nacht und 1–2 Stunden Kochzeit

Für 4–6 Personen

350 g getrocknete Käferbohnenkerne (Feuerbohnen)
Salz
500 g Salatkartoffeln
1 große rote Zwiebel
ein kleines Bund Petersilie und/oder einige Stengel Estragon

Vinaigrette

1 große Knoblauchzehe
2 EL Rotweinessig
2 EL Zitronensaft
Salz
schwarzer Pfeffer aus der Mühle
1 TL Senf (nach Belieben)
etwas Schärfe (z. B. Paprika- oder Chilipulver, Pul Biber, Cayennepfeffer)
4–5 EL Kürbiskernöl (siehe Seite 159)

Die **Bohnen** bereits am Vortag mit möglichst weichem (kalkarmem) Wasser bedecken und über Nacht einweichen.
Am nächsten Tag die Bohnen gar kochen. Man kann die Bohnen im Einweich- oder in neuem Wasser kochen, das wir stets etwas **salzen,** obwohl meist das Gegenteil empfohlen wird – die Bohnen bleiben sonst fad und es stimmt einfach nicht, dass sie mit Salz nicht recht gar werden. Hat man sehr kalkhaltiges Wasser, kann die Zugabe von etwas Natron oder Backpulver die Garzeit verkürzen. Diese kann man kaum exakt voraussagen, denn es kommt auf Größe und Alter der Bohnen an. Rechnen Sie nach dem nächtlichen Einweichen mit 1–2 Stunden.
Inzwischen die **Kartoffeln** in der Schale gar kochen und abgießen. Die etwas abgekühlten Kartoffeln pellen und in Scheiben oder etwa bohnengroße Würfel in eine passende Schüssel schneiden.
Die weichen, aber gerade noch nicht zerfallenden Bohnen abgießen, das Kochwasser aber auffangen und mit etwas davon die Kartoffeln anfeuchten. **Zwiebel** würfeln, **Kräuter** hacken. Mit Bohnen und Kartoffeln vorsichtig mischen.
Für die Vinaigrette die **Knoblauchzehe** durch die Presse in eine große Tasse oder kleine Schale drücken. **Essig, Zitronensaft, Salz, Pfeffer** und **Senf** sowie eine Prise **Schärfe** zufügen und alles innig verrühren. Mit dem **Öl** cremig aufschlagen, über den Salat gießen und damit umwenden. Er sollte schön saftig sein. Bei Bedarf noch etwas Bohnenwasser einarbeiten.

TIPP Die Mischung aus Weinessig und Zitronensaft ist vielleicht gewöhnungsbedürftig, bekommt den Bohnen aber sehr gut, die Zitrone gibt ihnen viel Frische.

PASST ZU gekochtem oder gebratenem Fleisch, zu jeder Art von Jause (Brotzeit, Vesper, begleitet von Bier, Weiß- oder Rotwein).

Kartoffelsalat MIT KÄFERBOHNEN

ASIATISCHE
Variante

Mediterraner Kartoffelsalat
MIT AUBERGINEN

Das oft wattige und fade Fleisch von Auberginen wird zu einer unglaublich köstlichen Sache, wenn man die Früchte im Ganzen bei starker Hitze im Ofen oder über dem Grill backt. Man schabt das Fleisch dann aus der in der Hitze fast ledrig gewordenen Schale – und kann es dann mannigfach würzen. In jedem Fall braucht man starke Aromen: mediterran oder asiatisch ... Nehmen Sie aber bitte nicht die üblichen gleichförmigen, wie industriell genormten, wässrigen und fast geschmacklosen Früchte, sondern die schlanken türkischen, die gestreiften oder am besten die dicken, runden, hellvioletten sizilianischen! Mit Kartoffeln zum Salat vermischt, können sie ihren Geschmack voll entfalten.

Zubereitungszeit: 20 Minuten + ca. 25–30 Minuten Garzeit

Für 4 Personen

500 g Auberginen
1 kg vorwiegend festkochende Kartoffeln
2 Knoblauchzehen
1–2 rote Chilischoten (nach Schärfe und Gusto)
Salz
schwarzer Pfeffer aus der Mühle
2 EL Olivenöl
1–2 gelbe oder rote Spitzpaprika (z. B. Corno di bue, Stierhorn, ca. 250 g)
3–4 Stengel provenzalisches oder Genueser Basilikum
2 Biozitronen

Den Backofen so heiß wie möglich bei Ober-/Unterhitze vorheizen, möglichst 280–300 °C.

Die **Auberginen** waschen, auf einem Stück Backpapier auf den Ofenrost des vorgeheizten Ofens legen und etwa 25–30 Minuten backen, bis die Schale richtig trocken geworden ist und schon angebrannte Stellen zeigt.

In der Zwischenzeit die **Kartoffeln** in der Schale gar kochen.

Die Auberginen nur wenig auskühlen lassen, dann mit einem großen Löffel das Fleisch aus der Schale lösen und auf dem Arbeitsbrett grob hacken.

Knoblauchzehen zerdrücken, die Schale entfernen, die Zehen mit einem großen Messer fein hacken, dabei die entkernte(n) **Chili(s)** mithacken. Mit dem Auberginenfleisch mischen, dabei **salzen** und **pfeffern** und 1 EL **Olivenöl** zufügen. In eine ausreichend große Salatschüssel füllen.

Kartoffeln nur wenig abkühlen lassen, noch heiß pellen, in Scheiben schneiden und zu den Auberginen in die Schüssel geben.

Die **Paprika** längs halbieren, die Kerne und wattigen Innenwände herauslösen, die Hälften quer in 3 mm schmale Streifen schneiden. Zusammen mit dem ebenfalls in Streifen geschnittenen **Basilikum** zu den Kartoffeln geben.

Abgeriebene Schale von einer **Zitrone** und **Saft** von beiden Zitronen mit dem restlichen **Öl** zufügen und jetzt alles gut mischen. Dabei dürfen die Kartoffelscheiben ruhig zum Teil zerfallen.

ASIATISCHE VARIANTE Zusätzlich zum Knoblauch ein walnussgroßes Stück Ingwer und ruhig etwas mehr Chili verwenden, dann statt des europäischen Basilikums je ein Händchen voll Thai-Basilikum sowie Koriandergrün. Außerdem neutrales Öl sowie 1 TL Sesamöl und 2 EL Fischsauce zufügen. Anstelle von Zitronen- reichlich Limettensaft untermischen und mit einer Prise Zucker würzen.

PASST ZU hellem Geflügel – gesotten, gebraten oder gegrillt – und zu Fisch in jeder Form. Und ist allein als Vorspeise ein Vergnügen für 6–8 Personen.

INSPIRATION AUS ALLER WELT

Man kann seinen Küchenzettel von überall her inspirieren lassen, mit Ideen aus der ganzen Welt, durch Düfte und Geschmäcker, wie sie anderswo typisch und üblich sind, und ihn so unendlich reich gestalten und für Abwechslung sorgen.

Da sind zum einen die klassischen Zusammenstellungen aus Küchen anderer Länder, die wir gern eins zu eins übernehmen (wenn natürlich auch gern immer wieder mit der einen oder anderen eigenen Veränderung und Bereicherung) und die selbstverständlich in einem Buch über Kartoffelsalate nicht fehlen dürfen: etwa die typischen österreichischen Varianten des Erdäpfelsalats mit Gurke oder Feldsalat. Oder der inzwischen weltweit bekannte, aber ganz lokal entstandene Salade Niçoise, dessen wahre Zusammensetzung neu zu entdecken sich durchaus lohnt, nachdem man die klassische Rezeptur immer wieder aufs Schändlichste verhunzt (hat).

Zum anderen meinen wir aber mehr noch solche Dressings und Variationen, deren Zutaten regionaltypisch erscheinen, aber sonst in vollkommen anderem Zusammenhang auftauchen. Da gibt es zum Beispiel die typischen Zutaten aus der französischen Küche, etwa der Dreiklang Butter (oder Crème fraîche), Zwiebel (oder Schalotte) sowie die Kräuter Estragon, Petersilie, Kerbel, wie sie für die Küche der Normandie (oder der Bretagne) typisch sind. Sie verströmen sofort ihren charakteristischen, feinen Duft, sobald man sie zusammen in den Topf oder die Pfanne gibt, und lenken die Gedanken dorthin.

Wie der Duft von Olivenöl, Knoblauch und Basilikum, der sogleich an die Provence denken lässt und an köstliche Mahlzeiten in den Ferien am Meer. Oder das Parfüm von Olivenöl, Knoblauch und Oregano, das an Pizza, Pasta und Italien erinnert. Wir übertragen diese Ideen auf Kartoffelsalat und der könnte dann so aussehen: Ein „Kartoffelsalat auf normannische Art" (den es dort so gar nicht gibt) besteht vielleicht aus vorwiegend festkochenden Kartoffeln und wird mit Crème fraîche, dem dort üblichen Apfelessig (eventuell mit Honig gesüßt), mit den dort prächtig gedeihenden grauen Schalotten und einer Mischung aus den drei genannten Kräutern angemacht.

Oder wir bereiten einen provenzalischen Kartoffelsalat (von dem wir auch nicht wissen, ob man ihn dort so kennt) mit den typischen provenzalischen Grundzutaten zu, nehmen frisch geerntete, noch nicht schalenfeste Kartöffelchen dafür, die wir zum Kochen nur abreiben, also nicht schälen, und auch hinterher ganz lassen, und würzen die Marinade neben Salz, Pfeffer auch mit einem Hauch scharfem Paprika- oder Chilipulver (Piment d'Espelettes) und nehmen als Säure – das nun ganz nach Tagesform und Laune oder Jahreszeit – wahlweise Zitronensaft oder Rotweinessig und das milde, eher fette provenzalische Olivenöl.

Genauso funktionieren Anregungen durch gängige, allseits bekannte Rezeptklassiker, die sich ganz leicht übertragen lassen. Die meisten Pasta-Saucen zum Beispiel kann man ohne Weiteres als Dressing für einen Kartoffelsalat verwenden, einfach indem man Säure in Form von Essig oder Zitronensaft

Ideen findet man überall – bei der Curry-Köchin auf dem Markt in Chiang Mai oder in der Street-Food-Küche auf Phuket. Und Thunfisch, der so frisch ist wie auf dem Ballaró-Markt in Palermo, isst man am besten roh!

zufügt. Das klappt besonders gut, wenn der Salat warm oder lauwarm serviert wird, sich die vorwiegend festkochenden oder mehligkochenden Kartoffeln dabei fast auflösen und mit der Sauce mischen. Jeder wird sofort erkennen, dass das mit einem ligurischen Pesto (Basilikum, Pinienkerne, Olivenöl) perfekt funktioniert, aber auch ein Kartoffelsalat mit Normasauce (gebratene Auberginen, Tomaten, Ricotta) oder à la carbonara (Speck und Ei) geht prima und schmeckt ausgezeichnet! Freilich muss die Säure für diese salatsaure Zubereitung mit der erforderlichen Sensibilität eingesetzt und abgestimmt werden.

Noch mehr machen Ausflüge in fremde Küchen Spaß: So finden wir, die wir große Fans der Küchen Asiens sind, unseren chinesischen Kartoffelsalat mit Hackfleisch ganz besonders köstlich, zusammengestellt aus typisch chinesischen Zutaten, die auch für Wokgerichte Verwendung finden (Seite 202). Oder die von der von uns so sehr geliebten Thai-Küche inspirierten Salate auf den Seiten 89, 100, 148 und 210. Witzig finden wir, dass uns nie in Thailand eingefallen ist, dass die klassische Thai-Vinaigrette (Seite 241), wie man sie für die in dieser Küche so typischen Salate verwendet, auch zu Kartoffeln passen könnte, das haben wir erst in unserer Küche zu Hause entdeckt. Und so unseren thailändischen Freund Vit zum Kartoffelessen gebracht, womit er zuvor nichts anzufangen wusste. Daraufhin haben wir dann auch für ihn, der es lieber etwas üppiger hatte, unsere asienwürzige Mayonnaise entwickelt (Seite 245), die dort keiner kennen dürfte.

Uns ist klar, dass solche Ausflüge in andere Küchen so manchen erschrecken oder gar erschüttern werden, für den ein Kartoffelsalat eine ganz bestimmte Zubereitung bedeutet. Aber wir finden es auf Dauer wirklich zu langweilig, immer nur den gleichen Salat zuzubereiten. Kartoffelsalat ist eben nicht gleich Kartoffelsalat!

Mohn als Backzutat ist allgemein bekannt. Weit weniger allerdings, dass man früher damit auch pikante Gerichte und Salate bereichert hat. In Österreich, wo Mohn viel gebräuchlicher geblieben ist als bei uns, wird er rund ums Mohndorf Armschlag im niederösterreichischen Waldviertel wieder mit geschützter Ursprungsbezeichnung angebaut – die Mohnblüte im Juli ist ein eindrucksvolles weiß-lila-rotes Naturschauspiel. Wir haben uns zu einem eigenwilligen Kartoffelsalat anregen lassen, der zwar sehr spezifisch schmeckt, aber zu vielen Gerichten passt, etwa zu gekochtem Rindfleisch, Gulasch oder Brühwürsten.

Zubereitungszeit: 12 Minuten + Koch- und Abkühlzeit der Kartoffeln

Für 4 Personen

1 kg festkochende Kartoffeln
1 Zwiebel oder 2 Schalotten
Salz
schwarzer Pfeffer aus der Mühle
4 EL heiße Fleischbrühe
5 EL milder Apfelessig
3–4 EL Mohnöl
½ Endiviensalat oder Zuckerhutsalat
125 g durchwachsener Bauchspeck in dünnen Scheiben
2 EL ungemahlener Mohn

Die **Kartoffeln** in der Schale kochen, noch warm pellen und in dünnen Scheiben in eine Schüssel schneiden. **Zwiebel** oder feinwürzige **Schalotten** sehr fein würfeln und zufügen. **Salzen, pfeffern,** mit **Brühe, Essig** und **Öl** beträufeln und mischen.
Den **Salat** waschen, quer in feine, 3–4 mm breite Streifen schneiden und unter die Kartoffeln mischen.
Speck in sehr feine, nur 1–2 mm schmale Streifchen schneiden, in einer Pfanne behutsam auslassen. Dann bei etwas stärkerer Hitze knusprig braten und dabei den **Mohn** mitrösten. Heiß über den Salat gießen und sofort servieren.

TIPP Die Waldvierteler Spezialität ist der milde Graumohn. Bei uns bekommt man meist nur den nussig und intensiver schmeckenden Blaumohn – welchen man vorzieht, ist Geschmackssache.

PASST ZU siehe oben.

Kartoffelsalat MIT MOHN

Kartoffelsalat
MIT MEERRETTICH

Variante: Kartoffelsalat
MIT PARADEISER UND WIENER WÜRSCHTLN

KARTOFFELSALAT MIT MEERRETTICH

Eine unserer liebsten traditionellen Gastwirtschaften ist das „Nürnberger Bratwurstglöckl" in München. Die dortigen Rostbratwürstl, über dem offenen Buchenholzfeuer gegrillt, sind nicht zu übertreffen – das Augustiner-Bier, aus dem Holzfass mit wenig Kohlensäure in spezielle Gläser gefüllt, übrigens auch nicht. Dazu gibt es Brezn oder Riemische Semmeln (mit Roggenanteil und Kümmel), süßen Senf, Kraut oder Kartoffelsalat und frisch geriebenen Meerrettich (Kren). Einmal kam uns die Idee, den ausnahmsweise etwas fad geratenen Kartoffelsalat mit dem Kren aufzupeppen – eine neue Idealbeilage zu Würstln und Siedfleisch ward entdeckt! Die Petersilie kam später noch dazu.

Zubereitungszeit: 10 Minuten + Kochzeit der Kartoffeln

Für 2–3 Personen

500 g festkochende Salatkartoffeln
1 kleine Zwiebel oder Schalotte
3 Stengel Petersilie
etwa 4 cm frischer Meerrettich
Salz
schwarzer Pfeffer aus der Mühle
2–3 EL milder Apfelessig
3–4 EL heiße Brühe
1–2 EL gutes Öl

Die **Kartoffeln** in der Schale gar kochen, noch heiß pellen und in dünne Scheibchen schneiden.
Zwiebel oder **Schalotte** pellen und sehr fein würfeln, **Petersilie** hacken und den **Meerrettich** frisch reiben.
Alles in einer Schüssel mischen, mit **Salz, Pfeffer, Essig** und **Brühe** anmachen und innig umwenden. Erst dann das **Öl** zufügen.

TIPP Wer es gern etwas süß mag, gibt noch 1 ordentlichen EL süßen Senf dazu.

VARIANTE KARTOFFELSALAT MIT PARADEISER UND WIENER WÜRSCHTLN

Zubereitungszeit: zusätzlich 10 Minuten

Zutaten wie oben im Rezept „Kartoffelsalat mit Meerrettich" und zusätzlich:
1 große Fleischtomate
2 Paar Wiener (alternativ Frankfurter oder Saitenwürstchen)

Die **Tomate** mit kochendem Wasser überbrühen, häuten und in etwa 1,5 cm große Würfel schneiden. Wenn sie sehr viele Kerne hat, wie auf Seite 54 beschrieben, mit etwas Zwiebel, aber ohne Knoblauch, mit Salz, Pfeffer und Öl zur Tomagrette mixen. **Würstchen** in heißem Wasser erwärmen, in Scheibchen (etwa 3 mm dünn) schneiden und beides unter den Kartoffelsalat mischen.

Der große ernährungsphysiologische wie der kulinarische Wert von Hülsenfrüchten, allen voran der Linsen, wird im Rahmen der Rückbesinnung auf vernünftige Ernährung und vegetarische Kost wieder neu entdeckt. Ihr pflanzliches Eiweiß kann ökologisch vorteilhafter erzeugt werden und ist leichter vom menschlichen Organismus zu erschließen als tierisches. Für den Salat vorzugsweise die kleinen Linsen verwenden, entweder die schwarzen Belugalinsen oder die dunkelgrünen oder braunen schwäbischen oder Berglinsen – sie sehen im Kartoffelsalat einfach hübscher aus als die üblichen Tellerlinsen.

Zubereitungszeit: 15 Minuten + Einweich- und Kochzeit der Linsen und Kartoffeln sowie Ruhezeit

Für 6–8 Personen

250 g kleine Linsen
1 kg festkochende Kartoffeln
2–3 Frühlingszwiebeln
Herz eines Bleichselleries (etwa 500 g)
4 EL milder Fruchtessig (z. B. Apfel-, Sauerkirsch- oder Himbeeressig)
Salz
schwarzer Pfeffer aus der Mühle
3–4 EL heiße Brühe (alternativ Linsenkochwasser)
3 EL Öl (z. B. geschmacksneutrales oder mildes Olivenöl)

Die **Linsen** einweichen und gar kochen – je nach Größe, Alter und Einweichzeit dauert das zwischen 20 und 50 Minuten. Unbedingt zwischendurch überprüfen, damit die Linsen nicht zerfallen.
Inzwischen die **Kartoffeln** in der Schale gar kochen, abgießen und noch warm pellen. In Scheibchen schneiden und zu den abgetropften Linsen in eine Schüssel geben.
Die **Frühlingszwiebeln** putzen, in feine Scheibchen schneiden und zufügen. **Sellerieherz,** wenn nötig, fädeln, die Stiele in dünne Scheibchen schneiden und in die Schüssel geben, das Grün grob hacken und zufügen.
Mit **Essig** umwenden, dabei auch **Salz** und **Pfeffer** zufügen und nach und nach die **Brühe** oder das Kochwasser. Dabei immer wieder mischen und stehen lassen, damit die Kartoffeln die Flüssigkeit aufnehmen können.
Erst unmittelbar vor dem Servieren das **Öl** untermischen und den Kartoffelsalat noch mal abschmecken. Gegebenenfalls mit **Essig, Salz** und **Pfeffer** nachlegen.

TIPP Den Kartoffelsalat für ein Partybuffet in Gläsern anrichten und mit Spießchen von Schweinefleisch anbieten. Dafür Schweineschnitzel (etwa 1 cm dick) in dünne Streifen schneiden, mit 1 TL Speisestärke, 1 EL Olivenöl und etwas abgeriebener Biozitronenschale einreiben. Auf Bambusspießchen fädeln. In der Pfanne oder auf dem Grill kross braten, dabei salzen. Die Spießchen schräg in die Gläschen mit dem Kartoffelsalat stecken.

PASST ZU Schweine- oder Lammkoteletts.

Kartoffelsalat MIT LINSEN UND SELLERIE

ÖSTERLICHER KARTOFFELSALAT
zum Brunch

Zum späten Frühstück sollte ein Kartoffelsalat einerseits frisch und frühlingsleicht, andererseits würzig und den Appetit nicht nur anregend, sondern auch befriedigend sein. Wir bemühen uns, zu solchen Gelegenheiten mit möglichst wenig Öl auszukommen, achten an Ostern aber auch darauf, dass der Salat zu hart gekochten Eiern passt. Diese kann man in Scheiben auf dem Salat anrichten oder hacken und locker darüberstreuen oder getrennt dazu verspeisen. Der fertige Salat sollte gleich nach der Zubereitung auf den Tisch kommen.

Zubereitungszeit: 15 Minuten + Kochzeit der Kartoffeln

Für 6 Personen

etwa 1 kg festkochende Kartoffeln
1 milde rosa Zwiebel (z. B. bretonische Roscoff, kalabrische Tropea oder hiesige Höri-Bülle)
100 ml heiße Brühe
½ TL Salz

Wasabi-Dressing

1 TL Wasabipulver (siehe Seite 226)
1 Handvoll Brunnen- oder 1 Kästchen Gartenkresse
2–3 Stengel Basilikum (wenn vorhanden)
2 Knoblauchzehen
1 kleine grüne Chilischote
2 TL Dijonsenf
2 Limetten
Salz
2 EL Olivenöl

Die **Kartoffeln** in der Schale abgedeckt gar kochen und etwas abkühlen lassen.
Unterdessen für das Dressing **Wasabipulver** mit ½ TL Wasser zu einer weichen Paste anrühren und 5 Minuten quellen lassen, damit sich der Geschmack entfalten kann.
Inzwischen die übrigen **Zutaten** für das Wasabi-Dressing in einen Mixbecher füllen: Brunnen- oder Gartenkresse dafür verlesen, waschen, auch einige Basilikumblättchen. Knoblauchzehen schälen und grob würfeln. Die Chilischote halbieren und entkernen. Dijonsenf zufügen, den Saft der beiden Limetten – wenn diese unbehandelt sind, auch ein Stückchen Schale – und eine gute Prise Salz, schließlich auch die angerührte Wasabipaste und das Öl. Alles durchmixen, bis eine glatte, cremige und grün leuchtende Sauce entstanden ist.
Zwiebel schälen, fein würfeln und in die Salatschüssel geben. Die noch warmen, frisch gepellten Kartoffeln in Scheiben über die Zwiebeln schnibbeln. Mit heißer **Brühe** und **Salz** umwenden, kurz ziehen lassen, bis die Oberfläche der Kartoffelscheiben wieder trocken wirkt. Dann erst das Wasabi-Dressing aus dem Mixbecher zufügen, alles innig mischen und bald servieren.

TIPP Schmeckt vollkommen anders, aber auch mit Kürbiskernöl hervorragend – allerdings wird die Sauce dann bräunlich grün. Und: Wer einen Garten hat, ersetzt die Zwiebeln durch einen sehr dicken Strauß vom ganz jungen, saftigen Schnittlauch.

GETRÄNK Wenn wirklich spät gebruncht wird, passt dazu ein Winzersekt, Champagner oder Bier.

Wüsste man in Thailand vom Kartoffelsalat, würde man ihn vermutlich so zubereiten. Unser leider schon verstorbener Freund Vit Padmasuta, der uns Führer durch seine Heimat war und für unser Thailand-Buch alles geplant und organisiert hat, war davon jedenfalls hellauf begeistert.

Zubereitungszeit: 20–25 Minuten + Kochzeit der Kartoffeln und 15 Minuten Ruhezeit

Für 6–8 Personen

1,2 kg festkochende Kartoffeln (hier kann man mit den Farben spielen, eventuell unter gelbe auch rosa und blaue Kartoffeln mischen)
1 Zwiebel
2–3 Knoblauchzehen
1 Stück Ingwer
2–3 Chilischoten (nach Schärfe)
1 EL neutrales Öl (z. B. Erdnussöl)
½–1 TL rote Thai-Currypaste
150 ml Kokosmilch (Tetra Pak)
4 EL Limetten- oder Zitronensaft
2–3 EL Fischsauce
1 TL brauner Zucker oder Palmzucker
1 kleiner Chinakohl (ca. 500 g)
reichlich Koriandergrün

Die **Kartoffeln** in der Schale gar kochen, pellen und ein wenig auskühlen lassen.
In der Zwischenzeit die Currysauce ansetzen: **Zwiebel** fein würfeln, **Knoblauchzehen, Ingwer** und entkernte **Chilischoten** ebenso. Im heißen **Öl** in einer Kasserolle anrösten, die **Currypaste** zufügen und so lange unter Rühren mitrösten, bis alles davon rot überzogen ist und duftet. Mit **Kokosmilch** ablöschen (2–3 EL zurückbehalten), **Limetten-** oder **Zitronensaft** zufügen, auch die **Fischsauce** und den **Zucker.** 2–3 Minuten leise köcheln lassen.
Kartoffeln 5 mm groß würfeln, mit der Currysauce übergießen und zunächst abgedeckt 10 Minuten durchziehen lassen. Dann gut vermengen und am Ende die restliche **Kokosmilch** untermischen.
Jetzt den **Chinakohl** putzen, quer in 3 mm feine Streifen schneiden, das **Koriandergrün** nicht zu fein hacken und beides unter den Kartoffelsalat mischen. 5 Minuten durchziehen lassen, nochmals abschmecken, eventuell mit **Zitronen-** oder **Limettensaft** und **Fischsauce** nachwürzen.

TIPP Für ein Partybuffet in Gläsern anrichten. Kleine Spießchen mit gewürfeltem Schweine- oder Hähnchenfleisch (Zubereitung siehe Tipp auf Seite 96 – auch mit Garnelen köstlich!) machen diesen appetitanregenden Salat komplett. Dazu passen Tee, fermentierte Getränke, Wein oder Bier – ein sehr vielseitiges, eigentlich immer allseits beliebtes Gericht.

PASST ZU Fleisch, Würsten und Fischgerichten.

Kartoffelsalat
MIT THAI-KOKOS-CURRY

Kartoffelsalat
MIT GRÜNEN BOHNEN

TIPP Wenn Sie nur breite, flache Bohnen bekommen, schneiden Sie diese längs in dünne Streifen – dafür gibt's sogar spezielle Maschinchen zum Kurbeln.

Am besten natürlich mit den berühmten Haricots verts – den jungen, feinen Prinzessböhnchen, die höchstens stricknadelstark sein dürfen. Hierzulande scheinen die Gärtner nicht zu wissen, dass es sich dabei um die köstliche Jugendform der von ihnen ein paar Tage später gepflückten Brechbohnen handelt. Oder sie warten so lange, weil die kleinen natürlich mehr Arbeit machen, deutlich teurer sein müssen und deshalb von vielen Kunden verschmäht würden. Allerdings importieren wir Prinzessböhnchen, vor allem aus Thailand, Kenia, Ägypten und immer mehr anderen afrikanischen Ländern.

Zubereitungszeit: 20 Minuten + Koch- und Abkühlzeit der Kartoffeln

Für 4 Personen

500 g gelbfleischige festkochende Kartoffeln (z. B. Linda oder Annabelle)
250 g Prinzessböhnchen oder breite Bohnen (siehe Tipp)
Salz
einige Stengel Bohnenkraut
1 mittelgroße rosarote Zwiebel
1 Knoblauchzehe
etwas frischer Dill oder Estragon

Vinaigrette

1 EL grober Senf (z. B. Moutarde de Meaux)
2 EL Sherry-Essig
4 EL erstklassiges Olivenöl
1 kleines Stück scharfe Chilischote (z. B. Habanero oder Fatali) oder 1 gute Msp. entsprechendes Pulver
1 Msp. Szechuanpfeffer
Salz
schwarzer Pfeffer aus der Mühle

Kartoffeln in der Schale kochen, lauwarm abkühlen lassen, pellen und in Scheibchen oder Stifte schneiden, etwa von der Dicke und Länge der Bohnen.

Die **Böhnchen** – nur wenn nötig – fädeln, am Stiel- und Blütenende abknipsen. Falls verwendet, die **breiten Bohnen** genauso putzen, diese dann aber längs in 3 mm breite Streifen schneiden – am besten mit der Maschine.

Die Bohnen in stark **gesalzenem** Wasser mit den **Bohnenkrautstengeln** so lange blanchieren, bis sie zwar gerade eben gar sind, aber den Zähnen noch gut Widerstand bieten. Das dauert mindestens 1 Minute bei sehr frischen Böhnchen und bis zu 5 Minuten bei Kenia-Bohnen. Abgießen, dabei eine Tasse Kochwasser zurückbehalten, und in Eiswasser abschrecken. Das Kochwasser nach und nach an die Kartoffeln geben, um sie saftig zu tränken.

Die Hälfte der **Zwiebel** sehr fein hacken. Die andere Hälfte auf dem Gurkenhobel in hauchdünne Halbringe schneiden und beides in eine Salatschüssel geben. Die **Knoblauchzehe** dazupressen.

Für die Vinaigrette alle **Zutaten** (Chili sehr fein, fast zu Brei gehackt) gut verrühren und über die Zwiebelmischung geben.

Dill oder **Estragon** sehr fein hacken oder wiegen und zufügen. Kartoffeln und abgetropfte Böhnchen ebenfalls zufügen und alles vorsichtig vermischen.

VARIANTE Wenn es mal vegetarisch sein darf: Diesen Kartoffelsalat über frisch gekochte, dampfend heiße, dünne Spaghetti oder Spaghettini geben, sofort vermischen und servieren. Eine unbedingt reizvolle sommerliche Mahlzeit im Heiß-kalt-Kontrast! Die Mischung von Pasta und Kartoffeln mutet uns vielleicht seltsam an, hat aber in vielen Regionen Italiens Tradition.

PASST ZU Steaks und anderem kurz gebratenen Fleisch, aber auch zu gekochtem Rindfleisch oder zu einer herzhaften Sülze.

Wurzeln zu Knollen! Eine ungewöhnliche Paarung in einem Salat, die aber durch ihre verschiedenen Konsistenzen eine angenehm spannende Komposition bildet – von ganz knackigen Schwarzwurzeln, weil sie roh bleiben, über bissfest gedünstete Möhren bis zu den geschmeidigen Kartoffeln reichen die Texturen und sind damit ebenso unterschiedlich wie die Farben in diesem bunten Salat.

Zubereitungszeit: 25 Minuten + Koch- und Abkühlzeit der Kartoffeln

Für 4–6 Personen

500 g rosafleischige Kartoffeln
etwas Fleisch- oder Gemüsebrühe
250 g Möhren
2 EL Olivenöl
Salz
250 g Schwarzwurzeln
Saft von ½ Zitrone
2 Frühlingszwiebeln mit viel Grün
3–4 Stengel glatte Petersilie
3 TL Kapern (Nonpareilles)

Vinaigrette

2 TL grüne Pfefferbeeren (vorzugsweise frisch, notfalls lyophilisiert, also gefriergetrocknet)
1 TL getrocknete rosa Beeren aus Madagaskar
½ TL gerösteter Szechuanpfeffer
Salz
3 EL Zitronensaft
2 EL Balsamico-Essig
1 sehr gehäufter EL Dijonsenf
3–4 EL natives Olivenöl extra

Kartoffeln in der Schale kochen, lauwarm werden lassen, pellen und wie für Pommes frites in Stifte schneiden. Mit etwas **Brühe** beträufeln und diese aufsaugen lassen.
Möhren mit dem Sparschäler hauchdünn abschälen, auf dem Gemüsehobel schräg in längliche, etwa 2 mm dünne Scheiben schneiden. In einem kleinen Topf im **Olivenöl** andünsten, dabei **salzen.** Abgedeckt bei sanfter Hitze langsam gar ziehen lassen.
Inzwischen **Schwarzwurzeln** mit einer festen Bürste unter fließendem Wasser gründlich abbürsten. Die Enden stutzen und die Wurzeln in 6–8 cm lange Stücke teilen. Diese mit der schwarzen Haut auf dem Gemüsehobel längs in höchstens 1 mm dicke Bänder hobeln – die ersten und letzten Bänder nicht verwenden, weil da zu viel Schale dran ist. Die Streifen mit etwas **Zitronensaft** umwenden.
Frühlingszwiebeln schräg in schmale Ringe schneiden, **Petersilie** und **Kapern** fein hacken.
Für die Vinaigrette **Pfefferbeeren, rosa Beeren** und **Szechuanpfeffer** mit etwas **Salz** im Mörser pürieren und anschließend mit den restlichen **Zutaten** cremig aufschlagen.
Alle Zutaten zu einem geschmeidigen Salat anmachen und gerade eben noch lauwarm servieren.

TIPP Die Schwarzwurzelbänder, wenn man sie nicht gleich anmachen will oder kann, in Essigwasser fallen lassen, um die beim Anschneiden austretende milchige und klebrige Flüssigkeit in Schach zu halten.

PASST ZU gepökelter Rinderzunge.

Kartoffelsalat mit
SCHWARZWURZELN UND MÖHREN

EINFACH UND SCHNELL

Salate für jede Gelegenheit – mal vegan, mal vegetarisch, mit Fisch, mit Fleisch.

Vorspeisen, kleine Gerichte, Imbisse – oder Tapas, wie es heute nach spanischem Vorbild ganz cool heißt: Vorbei sind die Zeiten, als eine durchschnittliche deutsche Mahlzeit aus Suppe, Hauptgericht und Nachtisch bestand. Immer beliebter werden in den vergangenen Jahren – übrigens weltweit und, wie wir finden, zu Recht – vielgängige Menüs, die ausschließlich aus solch kleinen, appetitanregenden Anrichtungen bestehen. „Variatio delectat" wussten schon die alten Römer – Abwechslung macht Freude! Vor allem dem Gaumen, der durch Reisen gebildet und mit dem gelegentlichen Besuch ausländischer Restaurants neugierig und aufnahmebereit geworden ist.

Man könnte sogar ein ganzes Buffet aus solchen Kleinigkeiten zusammenstellen – sich dafür auch im vorstehenden Kapitel bedienen und aus dem folgenden ergänzen. Allein, als Vorspeise gereicht, sollte ein Kartoffelsalat allenfalls nach Brot als Begleiter verlangen, sich sogar selbst genug sein, das heißt: ausreichend viele in Geschmack und Konsistenz unterschiedliche Komponenten besitzen. Damit man nicht nur satt, sondern der Gaumen auch tatsächlich erfreut wird.

Kartoffelsalat MIT RUCOLA

Eine Mischung von Zutaten, die eigentlich nur in Verbindung mit neutralen Kartoffeln funktioniert, weil sich ohne sie die konzentrierten Aromen gegenseitig erschlagen würden. So zubereitet, aber eine appetitanregende Vorspeise: Der geschmeidig-ölige Geschmack der Rauke wird von der frischen Schärfe des Pfeffers belebt und durch die üppig-fruchtigen Komponenten der getrockneten Tomaten ergänzt. Eine rein vegane Zusammenstellung, die ein wahres Pfauenrad im Munde zu schlagen imstande ist.

Zubereitungszeit: 20 Minuten + Kochzeit der Kartoffeln

Für 4 Personen

500 g festkochende Kartoffeln
50 g getrocknete Tomaten
1 ½ Tassen kochend heiße Gemüsebrühe (alternativ Salzwasser)
1 Bündchen Frühlingszwiebeln
4 EL milder Essig (z. B. Apfelessig)
1 gehäufter TL kleine Kapern
3 EL Olivenöl
Salz
1 dickes Bund Rucola
1 große Rispe frischer grüner Pfeffer

Die **Kartoffeln** in der Schale gar kochen, abgießen und handwarm werden lassen.
Inzwischen die **Tomaten** mit der kochend heißen **Brühe** übergießen und einige Minuten quellen lassen. Anschließend in feine Streifchen schneiden. Die verbleibende Flüssigkeit weiterverwenden, nämlich über die noch warm gepellten und in feine, schuppenartige Scheibchen geschnittenen Kartoffeln träufeln (diese beim Schneiden einfach locker in die Salatschüssel fallen lassen).
Inzwischen die **Frühlingszwiebeln** putzen, das Weiße würfeln und das Grün in feine Ringe schneiden. Jetzt alles in die Schüssel geben und vermischen, dabei **Essig, Kapern** und **Olivenöl** hinzufügen. Wieder ein paar Minuten ziehen lassen, dann erst den Salat mit **Salz** abschmecken.
Schließlich den gewaschenen, entstielten, gut trocken geschüttelten und quer in Streifen geschnittenen **Rucola** und die von der Rispe gestreiften **Pfefferbeeren** untermischen.

TIPP Frischer grüner Pfeffer wird inzwischen in vielen Asia-Läden, gut sortierten Supermärkten und Feinkostgeschäften angeboten, auch in den entsprechenden Abteilungen der Kaufhäuser. Er ist den getrockneten und eingelegten Pfefferbeeren weit überlegen und in Zubereitungen, wo es auf die Frische ankommt, eigentlich nicht zu ersetzen. In warmen Gerichten und Saucen ist das schon eher möglich.

ANMERKUNG **Rucola** haben die Italiener bei uns bekannt gemacht. Mit dieser klangvollen Bezeichnung hatte die gute alte deutsche Rauke endlich wieder die Chance zu gefallen. Als Rauke galten mehrere Arten dieser zu den Kreuzblütlern zählenden, gelb blühenden Pflanzen bei uns lange als Unkraut – weil oder obwohl sie nah mit Senf und Raps verwandt sind. Erst durch die zarte, mildere, breitblättrigere Gartenrauke trat sie ihren Siegeszug durch unsere Küchen an. Die stärker gezahnte wilde und die weiß blühende Senfrauke sind strenger im Geschmack, Letztere liefert in der Variante Wasabi-Rauke eine geradezu beißende Schärfe.

BEILAGE Frisch aufgebackenes Brot – Ciabatta oder Baguette.
GETRÄNK Junger, frischer Weißwein oder ein Glas guter Prosecco di Valdobbiadene.

Eine herzhafte, appetitanregende Vorspeise oder Begleitung zum Abendbrot. Die zarte Bitterkeit der Puntarelle (auch Cimata oder Catalogna mit Sprossen genannt – die dicksten mit den kürzesten Triebspitzen sind die besten!) wird von mehligkochenden Kartoffeln am harmonischsten eingefangen. Nach dem Kochen müssen sie abkühlen, bis sie lauwarm geworden sind und etwas abgebunden haben – freilich werden sie sich trotzdem beim Umwenden teilweise auflösen, was aber dem Geschmack zugutekommt. Hübsch ist es, wenn Sie halb gelbfleischige, halb blaue Kartoffeln verwenden.

Zubereitungszeit: ca. 40 Minuten

Für 4 Personen

500 g mehligkochende Kartoffeln
1 großer Puntarelle-Kopf (siehe Seite 156)
100 g reife, eingelegte Oliven (vorzugsweise die kleinen, grünbraun-violetten Taggiasca aus Ligurien in Salzlake)
3 Stengel glatte Petersilie

Marinade

4 in Olivenöl eingelegte Sardellenfilets
2 dicke Knoblauchzehen
4 EL fein aromatisches Olivenöl
weißer Pfeffer aus der Mühle
1 Hauch Chilipulver (z. B. Fatali oder Habanero)
1 EL Zitronensaft
1 EL Balsamico-Essig
evtl. Salz oder etwas Fischsauce

Die **Kartoffeln** waschen, in der Schale kochen und etwas abkühlen lassen. Währenddessen die **Puntarelle** vorbereiten: Die einzelnen Sprossen abschneiden, die feineren und hellgrünen Blättchen dazwischen und drumherum aufheben (dunkle und große Blätter siehe Tipp). Den unteren Teil der Sprossen schälen, wenn er hart sein sollte; waschen und abtropfen lassen. Sprossen schräg in ovale fingerbreite Ringe schneiden, die Knospen selbst in Hälften.
Für die Marinade **Sardellen** und **Knoblauchzehen** fein hacken, mit dem **Olivenöl** im Mörser zerdrücken und zu einer Art Paste verreiben – oder im kleinen Mixbecher des Stabmixers pürieren. **Pfeffern** und mit **Chili** aromatisieren, mit **Zitronensaft** und **Balsamico** aufschlagen. Die Creme sollte durch die Sardellen ausreichend salzig sein – wenn nicht, mit **Salz** oder **Fischsauce** abschmecken.
Kartoffeln pellen und in Scheiben oder Würfel schneiden. In einer Schüssel mit Marinade, Puntarelle, **Oliven** und in feine Streifen geschnittenen **Petersilienblättern** umwenden.
Auf einer Platte anrichten, kranzförmig mit den aufbewahrten Puntarelle-Blättchen dekorieren und servieren.

TIPP Die in diesem Salat nicht verwendeten dunkelgrünen Blätter kann man mit gewürfelten Zwiebeln und/oder Knoblauch in Öl oder Butter braten und als Beilage zu gebratenem oder gegrilltem Steak servieren oder fein gehackt im Risotto verwenden.

BEILAGE Warmes, frisch aufgebackenes Weißbrot.
GETRÄNK Ein trockener, verhalten aromatischer Weißwein vorzugsweise aus dem Latium (Frascati, Castelli Romani, Est! Est!! Est!!! di Montefiascone) oder Kampanien (Fiano di Avellino, Greco di Tufo oder Falanghina).

Kartoffelsalat
MIT PUNTARELLE

Kartoffelsalat
MIT BUNTEM BLUMENKOHL

Die grünen, violetten und weißen Röschen im gewürfelten Kartoffelsalat bringen geradezu sommerliche Laune auf den winterlichen Esstisch, denn gerade in der kalten Jahreszeit kommen aus Süditalien die Blumenkohlköpfe in leuchtenden Farben. Die zitronenfrische Marinade macht den Salat leicht und elegant. Scharfe Brösel, wie man sie in Sizilien statt Käse über der Pasta liebt, geben ihm Biss.

Zubereitungszeit: 30 Minuten

Für 4–6 Personen

700 g möglichst kleine, gleich große festkochende Kartoffeln (Drillinge)
je ca. 300–400 g weißer, lila und grüner Blumenkohl (auch Romanesco und Brokkoli sind geeignet)
Salz
1 Bund glatte Petersilie

Zitronenmarinade

4 dicke Knoblauchzehen
1 EL Senf
Salz
1–2 große, saftige Biozitronen
schwarzer Pfeffer aus der Mühle
4–5 EL Olivenöl (z. B. ein kräftiges aus Sizilien oder Griechenland)

Scharfe Brösel

1 getrocknete Chilischote
2 Knoblauchzehen
3 EL Olivenöl
3 EL Semmelbrösel oder Panko (siehe Tipp)

Die **Kartoffeln** in der Schale gar kochen. Inzwischen **Blumenkohl** (oder Romanesco und Brokkoli) in Röschen zerlegen, etwa von der Größe der Kartöffelchen. In wenig **gesalzenem** Wasser oder im Dampfgarer bissfest garen.

Für die Zitronenmarinade die **Knoblauchzehen** schälen – dazu die Klinge eines großen Messers flach auf die Zehe legen und mit der Faust daraufklopfen: Sie wird angequetscht und die Haut löst sich leicht ab. Knoblauch, **Senf, Salz,** ein ordentliches Stück **Zitronenschale** und den ausgepressten **Zitronensaft** sowie **Pfeffer** und **Olivenöl** in den Mixbecher füllen. Mit dem Mixstab zunächst alle Bestandteile am Boden zermusen. Dann den Stab langsam hochziehen, bis alles cremig emulgiert ist.

Die **Petersilie** von Hand möglichst fein hacken. Kartoffeln pellen, mit den Blumenkohlröschen in einer Schüssel mit der Marinade und Petersilie mischen. Noch kurz durchziehen lassen und vor dem Servieren nochmals umwenden.

Inzwischen für die Brösel die **Chilischote** entkernen, **Knoblauchzehen** fein hacken, im **Olivenöl** kurz andünsten. **Semmelbrösel** oder **Panko** zufügen und alles rösten, bis die Brösel zart gebräunt sind und duften.

Salat und Brösel getrennt servieren – die scharfen Brösel streut sich jeder nach Gusto über seine Portion.

TIPP Panko sind Weißbrotbrösel aus Japan – man bekommt sie auf jeden Fall im Asia-Shop, inzwischen aber auch in gut sortierten Supermärkten. Die Brösel sind gröber als unsere normalen Brösel, eher wie Flöckchen aus Weißbrot, deshalb ergeben sie einen schöneren Crunch. Geröstet und mit Knoblauch und Chili gewürzt, passen sie nicht nur gut zu Gemüsigem oder zur Pasta, sie schmecken auch auf dem Frühstücksei. Im Schraubglas kann man sie einige Wochen aufbewahren.

BEILAGE Aus der Vorspeise wird eine perfekte Beilage zu pochierten oder wachsweich gekochten Eiern.

GETRÄNK Ein herzhafter, aber spannend-mineralischer Weißwein, etwa aus Sizilien, oder ein Grüner Veltliner aus der Wachau.

Ein Wintersalat, denn nur zwischen Dezember und März gibt es Blutorangen, deren bitterherbe Fruchtigkeit den passenden Kontrast zu den erdigen, milden Roten Beten bildet. Die Bohnenkerne sollte man unbedingt selbst kochen, nicht aus der Dose nehmen. Besonders fein sind die schlanken Cannellini-Bohnen aus der Toskana oder die kleinen runden Coco aus der Provence, die man in italienischen oder französischen Gemüseläden finden kann.

Zubereitungszeit: 30 Minuten + Einweichzeit über Nacht und ca. 60–90 Minuten Kochzeit

Für 6–8 Personen

200 g getrocknete Bohnenkerne
1 Lorbeerblatt
2 Knoblauchzehen
Salz
2 mittelgroße Rote Beten (ca. 400 g; alternativ gegarte aus dem Vakuumpack)
1 EL Würzmischung für Rote Bete (siehe Seite 155)
4 EL Rotweinessig
800 g festkochende Kartoffeln
1 kleine Zwiebel
2 Bioblutorangen (z. B. Tarocco oder Moro)
3 Minzezweige (alternativ glatte Petersilie)
3 EL Olivenöl

Die **Bohnenkerne** am Vortag zwei Handbreit mit Wasser bedeckt einweichen. Am nächsten Tag **Lorbeerblatt,** zerdrückte **Knoblauchzehen** und ½ TL **Salz** zufügen und im offenen Topf zum Kochen bringen. Die Hitze herunterschalten, bis das Wasser nur gerade eben siedet. Die Bohnen abdecken und etwa 60–90 Minuten leise gar ziehen lassen. Sie dürfen nicht kochen, weil sie sonst zerfallen. Abgießen und etwas Kochwasser auffangen.
Inzwischen frische **Rote Beten** im Dampfgarer bei 100 °C oder in wenig Wasser gar kochen – je nach Größe 30–50 Minuten. Dann pellen und zentimetergroß würfeln (etwa so groß wie die Bohnenkerne). Mit **Salz,** 1 TL **Rote-Bete-Gewürz** und 2 EL **Essig** mischen und marinieren.
Unterdessen die Kartoffeln in der Schale etwa 30 Minuten gar kochen. Etwas abkühlen lassen, aber noch warm pellen und ebenfalls zentimetergroß würfeln. **Zwiebel** sehr fein würfeln und untermischen. **Salz,** restliches **Rote-Bete-Gewürz** und restlichen **Essig** sowie die abgetropften Bohnenkerne zufügen, alles behutsam umwenden, dabei mit einem guten Schuss Bohnenkochwasser anfeuchten.
Blutorangenschale mit dem Sparschäler hauchdünn abschneiden und in feine Streifchen (Zesten) schneiden. Die weiße Haut der Orangen so abschneiden, dass das Orangenfleisch frei liegt, dann die Orangenfilets keilförmig aus den Häuten lösen. Zesten und Orangenschnitze zu den Kartoffeln geben. Jetzt auch die **Minze** oder **Petersilienblätter** abzupfen, in feine Streifen schneiden und untermischen, dabei auch das **Öl** zufügen, damit der Salat jetzt glänzt.

BEILAGE Eventuell etwas Brot; passt aber auch zu gebratenem oder gebackenem Fisch.
GETRÄNK Ein herzhafter Weißwein aus Sizilien – woher ja auch die Blutorangen kommen. Beispielsweise ein Insolia vom Ätna.

Kartoffelsalat

MIT ROTER BETE, BOHNENKERNEN UND BLUTORANGE

Kartoffelsalat
MIT RADIESCHEN UND MÖHREN

Kartoffelsalat
MIT RADIESCHEN UND GRÜNEM SPARGEL

KARTOFFELSALAT MIT RADIESCHEN UND MÖHREN

Diese frühsommerliche Variante kann zusätzlich mit einer kleinen Portion von zarten Selleriestangen (in feinen Streifen) oder einem roh in Scheibchen gehobelten Artischockenherz gewürzt werden, wenn man sie schon beziehungsweise noch auf dem Markt findet.

Zubereitungszeit: 15 Minuten (ohne Kartoffelsalatzubereitung)

Für 4–6 Personen

1 Rezeptmenge süddeutscher Kartoffelsalat (siehe Seite 16)
2 Bund Radieschen
250 g junge Bundmöhren
1 Bund glatte Petersilie
2 EL entsteinte violette Oliven

Während der **Kartoffelsalat** in der Brühe (hier vorzugsweise mit Gemüsebrühe zubereitet), wie auf Seite 16 beschrieben, zieht, kann man die übrigen **Zutaten** vorbereiten: Radieschen und Möhren auf dem Gemüsehobel in feinste Scheiben hobeln, Petersilie hacken. Alles mit den Oliven zum Kartoffelsalat geben, vermischen und noch einmal abschmecken.

KARTOFFELSALAT MIT RADIESCHEN UND GRÜNEM SPARGEL

Die erfrischende und leicht beißende Schärfe von Radieschen bekommt den Kartoffeln sehr gut. Ein schöner Einstieg in ein Frühlingsmenü. Besonders gut, wenn man noch einige junge Blättchen Liebstöckel zufügen kann.

Zubereitungszeit: 15 Minuten (ohne Kartoffelsalatzubereitung)

Für 4–6 Personen

1 Rezeptmenge süddeutscher Kartoffelsalat (siehe Seite 16)
250 g grüner Spargel
Salz
2 Bund Radieschen
2 Bund Schnittlauch

Während der **Kartoffelsalat** in der Brühe (hier vorzugsweise mit Gemüsebrühe zubereitet), wie auf Seite 16 beschrieben, zieht, kann man die übrigen **Zutaten** vorbereiten: Vom grünen Spargel die Enden schälen, wenn diese schon zu verholzen beginnen. Schräg in 4–5 cm lange Stücke schneiden, in sprudelnd kochendem Salzwasser 2–3 Minuten blanchieren, abgießen und in eiskaltem Wasser abschrecken. Radieschen putzen und auf dem Gemüsehobel mit Julienne-Einsatz in Stifte hobeln. Schnittlauch in feine Röllchen schneiden. Alle Zutaten vermischen, die Würze des Salats überprüfen und gegebenenfalls ergänzen.

Es ist noch nicht lange her, da gab es keine einzige Käserei im Schwarzwald, abgesehen von der Herstellung von Bibbeliskäs, wie Quark hier zärtlich genannt wird. Erstaunlich, wo doch auf der anderen Seite des Rheins, in den Vogesen, unter ähnlichen Bedingungen vielerlei Käsesorten zubereitet wurden. Heute gibt es eine Vielzahl von handwerklich arbeitenden Betrieben, die diverse Weichkäse, vor allem aber auch Hartkäse herstellen. Man kann diesen Salat ganz einfach halten, nur mit Zwiebeln und einem heimischen Kraut angemacht – was aber schade wäre, denn vor allem viele exotische Kräuter und Gewürze passen hervorragend dazu. Probieren Sie's doch mal!

Zubereitungszeit: 30 Minuten + Koch- und Abkühlzeit der Kartoffeln

Für 4–6 Personen

1 Rezeptmenge süddeutscher Kartoffelsalat (siehe Seite 16)
250 g Schwarzwälder (oder auch anderer) Bergkäse
1 milde rote oder rosa Zwiebel
2 Frühlingszwiebeln
4 kleine, feste Cornichons
1 knapp daumengroßes Stück Ingwer
reichlich exotische Kräuter (z. B. einige Stengel Estragon, Koriander, Yauhtli oder Quillquina)
Salz
weißer Pfeffer aus der Mühle
Tasmanischer Bergpfeffer (alternativ Szechuanpfeffer)

Den **Kartoffelsalat,** wie auf Seite 16 beschrieben, zubereiten, dabei die Kartoffeln in Stäbchen schneiden, etwa wie Pommes frites.
In der Zwischenzeit den **Bergkäse** zunächst in etwa 1,5 mm dünne Scheiben, dann längs in ebenso schmale Streifen schneiden und diese wiederum auf 3–4 cm kürzen. **Zwiebel** halbieren und in dünne Halbringe, **Frühlingszwiebeln** mit Grün in Röllchen schneiden. Die **Cornichons** sowie den **Ingwer** auf dem Gemüsehobel mit Julienne-Einsatz längs in schmale Stifte schneiden. **Kräuterblätter** nur von den Stengeln abzupfen, nicht hacken oder klein schneiden.
Alles zu den jetzt nur noch lauwarmen Kartoffeln geben, **salzen,** mit **weißem Pfeffer** und **Bergpfeffer** übermahlen und umwenden.

TIPP Den anerkannt besten Käse gibt's im Spielweg im Münstertal – der formidable Karl-Josef Fuchs hat mit heldenhaftem Mut und Ausdauer die Erlaubnis dazu von den Behörden erstritten, ist heute der erfahrenste und erfolgreichste Käser des Schwarzwalds. Und der ganze Familienbetrieb mit Küche, gemütlicher Gaststube und Hotel ist eines unserer liebsten Ziele für ein paar Tage Urlaub.

BEILAGE Nicht nötig.
GETRÄNK Ein nicht zu säurebetonter, erfrischender Wein, etwa ein saftiger Silvaner oder ein Markgräfler Gutedel. Oder auch ein Bier.

Kartoffelsalat
MIT SCHWARZWÄLDER KÄSE

Kartoffelsalat
MIT EDELPILZKÄSE

Für dieses Rezept einen milden Blauschimmelkäse verwenden – das kann Gorgonzola, Danablu oder Bleu de Bresse sein. Die Kartoffeln werden frisch gekocht, dürfen aber nicht mehr so warm sein, dass der Käse sofort schmilzt. Der Kontrast zwischen den warmen Kartoffeln und dem kalten Käse einerseits, andererseits zwischen den schmelzend-weichen und den knusprig-knackigen Komponenten macht den Salat zu einer appetitanregenden Vorspeise, obwohl man Käse ja sonst eher am Ende einer Mahlzeit reicht.

Zubereitungszeit: 20 Minuten + Kochzeit der Kartoffeln

Für 4–6 Personen

500 g vorwiegend festkochende Kartoffeln
250 g Edelpilzkäse
2 Schalotten (alternativ 1 kleine Zwiebel oder 2 Frühlingszwiebeln)
50 g Walnusskerne
2 zarte Selleriestangen
1 Bund glatte Petersilie oder die entsprechende Menge zarte Blätter vom Bleichsellerie

Vinaigrette

3 EL Estragonessig
4 EL Fleischbrühe
2 EL feines Walnussöl
Salz
schwarzer Pfeffer aus der Mühle

Kartoffeln in der Schale aufsetzen und gar kochen. Inzwischen für die Vinaigrette **Essig, Brühe, Walnussöl,** etwas **Salz** und **Pfeffer** gut verrühren.

Die Kartoffeln abgießen, noch heiß pellen, in Scheiben schneiden und mit der Vinaigrette übergießen. Abkühlen lassen, dabei ab und zu umwenden – die Scheiben dürfen dabei ruhig ein wenig zerfallen. Den ausnahmsweise kühlschrankkalten **Käse** in kleine Würfel schneiden. **Schalotten** fein hacken. **Walnusskerne** nur grob zerkleinern. **Selleriestangen** schräg in schmale Scheibchen schneiden. **Petersilie** waschen, Blättchen von den Stielen zupfen.

Kartoffeln mit Schalotten, Walnüssen, Sellerie und Petersilie umwenden und kurz ziehen lassen.

Den Salat auf Portionsschalen verteilen und mit dem Käse bestreuen. Sofort servieren, bevor der Käse anfängt, schmierig zu werden.

TIPP Nach Belieben auf (eventuell in Streifen geschnittenen) Radicchio- oder Chicoréeblättern anrichten, deren zartbittere Note ebenfalls gut mit dem Salat harmoniert.

BEILAGE Ein herzhaftes Landbrot oder Zwiebelbaguette.

GETRÄNK Leichter, junger, fruchtbetonter, kühl zu trinkender Rotwein (Beaujolais Nouveau, Valpolicella oder Bardolino). Aber auch ein Glas Bier.

Echte Matjes werden aus Heringen zubereitet, die noch nie in ihrem Leben Milch (Samen) oder Rogen (Eier) ausgebildet und gelaicht haben, also sozusagen jungfräulich sind. Sie sind klein und fein, nur mit Salz und den körpereigenen Enzymen gereift. Die besten Matjes kommen aus Holland, heißen Primtjes und sind oft nur auf Nachfrage im Handel zu bekommen. Die meinen wir! Sie schmecken mild und zart, locken marzipanrosa mit silbriger Haut und werden von uns nach holländischer Art meist pur genossen. Oder so:

Zubereitungszeit: 10 Minuten + Kochzeit der Kartoffeln und 10 Minuten Marinierzeit

Für 4–6 Personen

750 g vorwiegend festkochende Kartoffeln
1 Rezeptmenge Senf-Vinaigrette (siehe Seite 238)
2 EL Crème double
2 EL süße Sahne
1 große, milde rosa oder rote Zwiebel
1 Bund Schnittlauch und/oder Dill
Salz
schwarzer Pfeffer aus der Mühle
6 Primtjes (Doppelfilets)

Kartoffeln in der Schale kochen, abgießen und nur so weit abkühlen lassen, dass man sie anfassen kann.
Unterdessen die **Vinaigrette** mit **Crème double** und **süßer Sahne** vermischen. **Zwiebel** halbieren und in millimeterdünne Halbringe schneiden oder hobeln. **Kräuter** in Röllchen schneiden (Schnittlauch) oder abzupfen und hacken (Dill). Alles in die Salatmarinade rühren und diese mit wenig **Salz** und reichlich frisch gemahlenem **Pfeffer** würzen.
Kartoffeln pellen und in eine Salatschüssel geben. Mit einer Gabel spalten, auseinanderdrücken und anquetschen. Marinade über die Kartoffeln gießen, die nun darin 10 Minuten ziehen dürfen und dabei lauwarm werden.
Die **Primtjes-Filets** ablösen und schräg in etwa 2 cm breite Bissen schneiden. Zu den Kartoffeln geben und alles umwenden. Noch einmal abschmecken und sofort servieren.

TIPP Die Heringe müssen vor der Verarbeitung zu Matjes eingefroren werden, um einen möglichen Befall von Nematoden (Fadenwürmern) zu verhindern. Ohne jeglichen geschmacklichen Verlust kann man sie nach der Reifung wieder einfrieren – so ist heute gleichbleibende Qualität übers ganze Jahr garantiert, die sogenannten Neuen sind nur mehr Folklore.

BEILAGE Helles, leicht getoastetes Brot und eiskalte Butter.
GETRÄNK Apfelwein (still oder perlend), Champagner brut (oder brut nature) oder ein deutscher Winzersekt, ebenfalls brut und aus Pinot-Trauben.

Kartoffelsalat **MIT MATJES**

INSPIRATION AUS DEM GARTEN

Regional und saisonal – das ökologische Postulat unserer Zeit! Das wir seit jeher vertreten, weil es auch kulinarisch sinnvoll ist. Der eigene Garten erfüllt es in Vollendung ...

Wir sind glücklich, einen großen Garten zu haben und auch die Mitarbeiter, die ihn mit Liebe und Eifer pflegen. Dort können wir alles anbauen, was wir uns nur wünschen, ausprobieren wollen und für unsere Versuchsküche (zum Überprüfen und Ausfeilen unserer Rezepte), die Kochschule, die Kochkurse und -seminare sowie die Fernsehsendungen brauchen. Im Frühjahr und Sommer schauen wir dort fast täglich nach, was es schon Neues gibt, im Herbst, was wir noch holen können. Im Winter genügt ein Besuch ab und zu, dann hat der Keller mehr zu bieten, wo Kraut, Rüben und Kürbisse ihrer Verwendung harren, wie der Einmachkeller, wo mannigfache Vorräte in Gläsern und Flaschen bereitstehen und die Gefriergeräte, wo ein Teil des überreichen Angebots, das der Sommer gebracht hat, fertig vorbereitet im Winterschlaf ruht.

Welch Vergnügen, wenn im frühen Frühjahr der erste Liebstöckel seine noch braunrot gefärbten Blättchen entfaltet, um zusammen mit dem dunkelgrün herausspitzenden, saftig-stracken Schnittlauch einen warmen Kartoffelsalat zu aromatisieren. Dazu ein sanft gesottenes Siedfleisch oder der letzte Skrei ... Ein einzigartiger Hochgenuss, den man nur einmal im Jahr haben kann!

Bald darauf treibt der Estragon seine hellgrünen Lanzettblättchen am rasch sprießenden Stengel, und zwar der französische, der mit seiner wunderbaren Anisnote jedem Kartoffelsalat aristokratische Würde gibt – den wir jetzt am liebsten mit bürgerlichen Saitenwürschtle oder einem badisch bäuerlichen, gesurten und geräucherten Schäufele verbinden.

Mit den jungen Kräutern geht es rasch weiter mit variantenreichen Kartoffelsalaten: Dill, Borretsch, Rucola, Kerbel und Koriander, die immer auch im Folientunnel vereinzelt geduldet werden, damit sie sich aussamen und so, geschützt und gewärmt, bereits im März ausgiebig zur Verfügung stehen. Nächster Höhepunkt sind die Radieschen, mit deren krachend-fester Struktur, feiner Schärfe und appetitlichen Farben wir jetzt vielerlei gemischte Kartoffelsalate vervollkommnen. Es folgen dann Schlag auf Schlag neue Highlights: Spargel und Spinat, Kaiserschoten und Erbsen, Mairübchen und kleine Rote-Bete-Kugeln von unglaublicher Zartheit ... Man kommt kaum nach und wir können gar nicht alles ausprobieren, was uns angesichts der wunderbaren Pracht einfällt.

Dabei haben wir doch schon alles irgendwann und irgendwie in Kartoffelsalaten verwendet, teils noch in Erinnerung, aber teils vergessen. Glücklicherweise sind die Wachstumsbedingungen in jedem Jahr anders und so ergeben sich alle Jahre wieder neue Kombinationsmöglichkeiten. Es wäre ja einfach auch zu langweilig, jedes Jahr die gleichen Zusammenstellungen nachzukochen. Nur das allererste Erscheinen von Kräutern oder Gemüsesorten hat seinen rituellen Platz in unserem kulinarischen Kalender.

So auch der erste Grünspargel: ein oder zwei Stangen, die jahrelang an einem geschützten Platz vor

dem Mäuerchen des Frühbeets aus einer sich selbst dort angesiedelten Pflanze trieben – und noch möglichen Spätfrösten zum Opfer fielen, wenn man nicht aufpasste –, hatten das Recht des Raren und wanderten regelmäßig in einen Kartoffelsalat. Inzwischen gedeihen im Frühbeet so viele Stangen, so früh und gleichzeitig, dass sie eine volle Mahlzeit ergeben. So haben wir seit Jahren keinen Kartoffelsalat mit Spargel mehr gemacht ... Muss bald mal wieder sein!

Je nach Witterung steht ab Mitte Juni/Anfang Juli dann die ganze Kräuterpalette zur Verfügung, die unseren Kartoffelsalaten farbenfrohen und geschmacklichen Glanz verleiht. Es würde zu weit führen, hier alle Kräuter und ihre Charakteristika aufzulisten. Wir selbst haben im Garten alleine rund 25 verschiedene Basilikumsorten (die mediterranen, asiatischen und afrikanischen im rauen Schwarzwald freilich im Gewächshaus) und natürlich alle gängigen mitteleuropäischen Kräuter in Varianten. Dazu kommen Exoten wie Quillquina (das peruanische Kraut zu Ceviche) sowie die ähnlich schmeckenden Papalo und Pipicha, die wir allen ans Herz legen, die Koriander hassen. Rund ums Haus stehen ein Dutzend verschiedene Minzen in Töpfen (weil sie im Garten sich rasch ausbreitend alles überwuchern würden), weiterhin durchschnittlich rund 40 exotische Kräuter: Agastachen, Duftgeranien, Monarden, Salbeis, Melissen, Tagetes (darunter das estragonähnliche Yauhtli), Pfefferarten, Shiso-Varianten, auch Wasabi (für dessen Blätter) und Kaffirlimette (Blätter und Früchte), die frostfrei überwintert werden müssen – jedes Jahr probieren wir ein paar neue Varianten aus, von denen wir einige gleich wieder aussondern, weil sie uns weniger überzeugen.

Wenn im Hochsommer neben allen Kräutern auch noch die unterschiedlichsten Gemüse und Früchte dazu einladen, in Kartoffelsalaten eine Rolle spielen zu dürfen, macht das Rezeptentwickeln und Kühne-Kombinationen-Ausprobieren erst richtig Spaß: Große und kleine, runde und ovale, glatte und gerippte Tomaten (rote, gelbe, orange, lila, grüne, fast schwarze und gestreifte), Paprika (in allen Größen und Farben) und Chili (ebenfalls bunt und rund oder spitz, von mild bis höllisch scharf, vielerlei Zucchini und Auberginen, Schwertbohnen und feinste Böhnchen in diversen Sorten, allerlei Kraut und Rüben, Blumen-, Senf- und Chinakohl, Salat- und Gemüsegurken wollen verwendet sein, mal als bestimmende Zutat, mal als bescheidene Begleiter, mal als Solisten, mal reich orchestriert. Unser Garten ist ein steter, aber auch launischer Lieferant von Materialien, die unsere Fantasie anregen, mit denen wir arbeiten und spielen können. Der Garten gibt und fordert zugleich. Seine Zutaten bringen uns manchmal fast zur Verzweiflung, machen uns aber schnell wieder glücklich und zufrieden. Ohne Garten wollten wir nicht leben müssen. Ohne Garten hätten wir es sehr viel schwerer, unseren Beruf auszuüben. Der Garten gehört zu unserem Glück.

Schwarzwälder Kartoffelsalat
MIT GERÄUCHERTER FORELLE

Kartoffelsalat
MIT GERÄUCHERTEM HEILBUTT

Schwarzwälder Kartoffelsalat
MIT GERÄUCHERTER FORELLE

Als Grundlage nehmen wir einen typisch süddeutschen, also schlunzigen, das heißt sehr saftigen Kartoffelsalat. Viel frisches Grün einarbeiten, zum Beispiel Schnittlauch, als Parfüm frisch geriebener Meerrettich und Zitronenschale! Und als Knuspereffekt kleine Croûtons ... Auch ein feiner Imbiss für zwei Personen.

Zubereitungszeit: 20 Minuten (ohne Kartoffelsalatzubereitung)

Für 4–6 Personen

1 Rezeptmenge süddeutscher Kartoffelsalat (siehe Seite 16)
2–3 Bund Schnittlauch
2–3 EL geriebener Meerrettich
etwas Biozitronenschale
2 geräucherte Forellen

Für die Croûtons

1–2 Mischbrotscheiben (jeweils knapp 1 cm dick; ca. 100 g)
2 EL Butter

Den **Kartoffelsalat** mit **Schnittlauchröllchen, Meerrettich** und **Zitronenschale** würzen. Die **Forellen** sorgsam filetieren, von der Haut lösen und alle Gräten entfernen. In Stücke zerpflücken und behutsam unter den Kartoffelsalat mischen.
Für die Croûtons das **Brot** zentimeterklein würfeln und in der **Butter** langsam knusprig braten. Unmittelbar vor dem Servieren über den Salat streuen.

BEILAGE Herzhaftes Grau- oder Mischbrot (schwäbisches Bauernbrot).
GETRÄNK Ein säurefrischer Riesling, natürlich aus Baden, etwa aus der Ortenau oder dem Kraichgau.

Kartoffelsalat
MIT GERÄUCHERTEM HEILBUTT

Heilbutt ist besonders saftig und zerfällt leicht, daher ist er bestens geeignet. Aber natürlich kann man auch jeden anderen Räucherfisch für diesen Salat verwenden, Aal ist ganz besonders fein, Schillerlocken bleiben gut in Form. Mit frisch gekochten Kartoffeln, die den kühlschrankkalten Fisch erwärmen und so zur vollen geschmacklichen Entfaltung bringen, entsteht ein köstlicher Salat zum großen Frühstück, dem üppigen Brunch.

Zubereitungszeit: 15 Minuten + Koch- und Abkühlzeit der Kartoffeln

Für 3–4 Personen

500 g möglichst festkochende Kartoffeln
250 g geräucherter Heilbutt
1 weiße oder rosa Zwiebel
1 großes Bund (möglichst glatte) Petersilie
einige Stengel Dill
3 EL Zitronensaft
1 Spritzer Worcestershiresauce
1 EL scharfer Senf
1 EL Balsamico-Essig
Salz
schwarzer Pfeffer aus der Mühle
1–2 Prisen Cayennepfeffer
3–4 EL Öl

Kartoffeln in der Schale kochen, abgießen, pellen und handwarm in Scheiben schneiden.
Den **Fisch** von den Gräten lösen und zerpflücken, dabei die Haut entfernen. Zu den Kartoffeln geben, trocken umwenden und den Fisch lauwarm werden lassen.
Zwiebel, Petersilie und **Dill** fein hacken und mit den übrigen **Zutaten** zu Kartoffeln und Fisch geben, alles gründlich miteinander vermischen und ein paar Minuten durchziehen lassen.

BEILAGE Brot.
GETRÄNK Bier oder ein zwischen Frucht und Mineralität ausgeprägter Weißwein (Vernaccia di San Gimignano, Verdicchio dei Castelli di Jesi).

Nicht jeder Salat, in dem Thunfisch eine Rolle spielt, ist gleich der berühmte Salade Niçoise. Diese Variante könnte man, entsprechend dem berühmten Vitello tonnato, Patate tonnate nennen. Wie immer bitte nur Thunfisch in nativem Olivenöl extra (siehe Tipp) verwenden. Es ist für die Sauce nicht nötig, Konserven mit ganzen Stücken zu kaufen, billigere Schnitzel in Olivenöl genügen ebenfalls; dieses Öl ist freilich selten „nativ" oder „vergine", sondern von einfachster Qualität. Zum Anrichten entweder besonders schöne Stücke daraus auswählen oder dafür eine kleine Dose mit ganzen Stücken vorsehen.

Zubereitungszeit: 15 Minuten + Koch- und Abkühlzeit der Kartoffeln

Für 4–6 Personen

500 g Salatkartoffeln
1 milde Zwiebel (weiß, rosa oder violett)
1 Tasse gekochte Erbsen (TK-Erbsen nur in kochendem Wasser auftauen lassen, dann sofort eiskalt abschrecken)
Saft von 1 großen, milden Zitrone
Salz
schwarzer Pfeffer aus der Mühle
1 Bund Petersilie oder Koriander

Sauce

ca. 200 g Thunfisch in Olivenöl (Einwaage, ohne Würzzutaten)
2 große Knoblauchzehen
3 Anchovisfilets in Olivenöl
2 gehäufte TL Kapern
1 große, milde Biozitrone
4–5 EL bestes frisches Olivenöl
Salz
schwarzer Pfeffer aus der Mühle

Kartoffeln in der Schale kochen, abgießen, pellen, kurz abkühlen lassen und in etwa 3 mm dicke Scheiben schneiden.

Zwiebel fein würfeln, mit **Erbsen** und Kartoffeln in eine Schüssel geben, **Zitronensaft,** eine gute Prise **Salz** und etwas **Pfeffer** zugeben, mischen und ziehen lassen, bis die Sauce fertiggestellt ist.

Für die Sauce vom **Thunfisch** (siehe Tipp) einige schöne Stücke beiseitelegen. Restlichen **Thunfisch, Knoblauchzehen, Anchovisfilets** und **Kapern** in einen Mixer oder, falls Sie mit dem Stabmixer arbeiten, in einen Mixbecher geben. Die Schale von der Hälfte der **Zitrone** darüber abreiben sowie deren Saft zufügen. **Olivenöl** zugießen, vorsichtig **salzen** (Anchovis und Kapern liefern ja bereits Salz), aus der Mühle mutig **pfeffern** und alles zu einer absolut glatten Sauce mixen.

Den Salat mit der Sauce umwenden, einige Minuten ziehen lassen, erneut umwenden und noch einmal abschmecken – die Säure sollte erfrischend sein, aber nicht dominant.

Aus der restlichen **Zitronenhälfte** das Fruchtfleisch in kleinen Stücken aus den Kammern lösen (geht am besten mit einem Grapefruitlöffel). Abgezupfte **Petersilie-** oder **Korianderblätter** fein hacken.

Den Salat auf einer Platte flach aufhäufen, mit den beiseitegestellten Thunfischstücken garnieren, diese mit Zitronenstückchen umlegen, mit den Kräutern bestreuen und sofort noch lauwarm servieren.

TIPP Es ist Ermessens- und Geschmacksfrage, ob man das Öl aus der Thunfischdose verwendet, selbst wenn es sich um natives Olivenöl extra handelt. Es ist immer sehr vom Fischaroma bestimmt, wurde außerdem erhitzt und ist deshalb nicht so köstlich wie frisches. Sparsame Menschen können das Öl für die Sauce mitverwenden (und entsprechend weniger frisches Öl zufügen). Wer es geschmacklich feiner und klarer liebt, wird die Thunfischschnitzel abtropfen lassen und ausschließlich frisch-fruchtiges, also nicht erhitztes Olivenöl nehmen.

BEILAGE Frisch aufgebackenes Baguette.

GETRÄNK Ein gleichzeitig frischfruchtiger und fülliger Wein, etwa ein Verdicchio dei Castelli di Jesi, ein Vernaccia di San Gimignano oder ein badischer Weißburgunder.

Kartoffelsalat MIT THUNFISCH

Blauer Kartoffelsalat
MIT NORDSEEKRABBEN

Blaue Kartoffeln, die fast vollkommen vom Markt verschwunden waren, findet man inzwischen wieder in gut sortierten Supermärkten und Gemüsegeschäften. Es gibt inzwischen sogar wieder vielerlei Sorten. Allerdings: Setzkartoffeln von in Deutschland nicht zugelassenen Varianten dürfen laut Gesetz nicht verkauft werden, um sie im eigenen Garten zu ziehen (sie lieben leichte, sandige Böden), aber Liebhaber können sie (als Anschauungsmaterial) trotzdem finden – zum Beispiel bei Manufactum oder übers Internet.

Zubereitungszeit: 20 Minuten + Kochzeit der Kartoffeln + mind. 5 Minuten Ruhezeit

Für 4 Personen

500 g blaue Kartoffeln (siehe Seite 28 ff.)
Salz
1 kleine oder ½ normale Salatgurke
2 Stangen oder das Herz einer Bleichselleriestaude
2 Bund Dill
1 frische rote Chilischote
200 g gepulte Nordseekrabben (Nordseegarnelen)
Salz
schwarzer Pfeffer aus der Mühle
3–4 EL Apfelessig
2–3 EL kalt gepresstes Rapsöl

Kartoffeln in der Schale in **Salzwasser** kochen und abgedeckt fast vollkommen abkühlen lassen – aber lauwarm und schön abgebunden schälen, damit sie auch nach dem Würfeln ihre Form behalten. Unterdessen die **Gurke** schälen und nötigenfalls entkernen, dann in kleine Würfel schneiden. Ebenso den **Stangensellerie. Dillblättchen** von den Stengeln zupfen, nicht hacken. **Chilischote** entkernen und in schmale Halbringe schneiden.
Diese Zutaten mit **Nordseekrabben, Salz, Pfeffer** und **Apfelessig** in eine Schüssel geben und umwenden. Das **Öl** zufügen.
Kartoffeln pellen und etwa so klein wie die Gurke würfeln. Mit den Salatzutaten vermischen und wenigstens 5 Minuten ziehen lassen.

TIPP Wer mag, würzt noch mit einer fein gewürfelten rosa oder violetten Zwiebel.

BEILAGE Nicht nötig, eventuell etwas Brot.
GETRÄNK Ein saftiger Weißburgunder oder Silvaner vom Kalkstein.

Von einem Zuschauer haben wir mal einen interessanten Hinweis bekommen: Seine Großmutter, aus Ulm stammend, habe an Festtagen den normalen schwäbischen Kartoffelsalat mit Gänseschmalz aufgepeppt. Statt Öl hat sie heißes Gänsefett über den nur mit Brühe und Essig angemachten, noch warmen Salat gegossen, dass es nur so gezischt hat. Natürlich haben wir das gleich ausprobiert und waren begeistert. Und haben inzwischen den Salat mit der um die Weihnachtszeit häufig angebotenen geräucherten Gänsebrust angereichert, sodass aus der Beilage eine köstliche Vorspeise wurde.

Zubereitungszeit: 10 Minuten (ohne Kartoffelsalatzubereitung)

Für 4 Personen

1 Rezeptmenge süddeutscher Kartoffelsalat ohne Öl (siehe Seite 16)
1 kleine rosa Zwiebel oder 2 Frühlingszwiebeln
einige Stengel krause Petersilie, 1 Kästchen Gartenkresse oder 1 Händchen voll Brunnenkresse
1 Knoblauchzehe (nach Belieben)
3 EL reines Gänseschmalz (siehe Anmerkung)
geräucherte Gänsebrust (Menge nach Belieben)

Den bereits ohne Öl angemachten, noch lauwarmen **Kartoffelsalat,** wie auf Seite 16 beschrieben, punktgenau fertigstellen.
Die **Zwiebel** sehr fein würfeln oder **Frühlingszwiebeln** in Ringe schneiden. Die **Petersilie** oder abgezupfte **Kresseblättchen** fein hacken oder wiegen oder die **Gartenkresse** mit wenig Stiel abschneiden. Seitlich auf den Salat streuen. Die **Knoblauchzehe** durch die Presse hinzudrücken. Das **Gänsefett** erhitzen und so darübergießen, dass die Kräuter nicht getroffen werden. Unverzüglich alles rasch und gründlich, dennoch vorsichtig umwenden.
Die kühlschrankkalte **Gänsebrust** (noch besser: leicht angefroren, so lässt sie sich leichter schneiden) auf der Aufschnittmaschine so dünn wie möglich aufschneiden und in lockeren Häufchen in kurzen Abständen nebeneinander auf den Salat fallen lassen. Sofort servieren, denn die Gänsebrust darf nicht anschmelzen, sondern soll kalt bleiben und dadurch eine spannungsreiche Beziehung zum lauwarmen Salat behalten.

TIPP Die leichte Schärfe von Kresse bekommt dem Salat ausgezeichnet. Das Grün der Petersilie kann man auch mit etwas frisch geriebenem Meerrettich unterstützen.

ANMERKUNG Das Gänseschmalz darf eventuell mit Grieben verwendet werden, sollte aber nicht mit Zwiebeln und/oder Äpfeln gekocht worden oder mit Schweineschmalz vermischt sein. Wir nehmen am liebsten das reine Fett, das man vom Bratenfond abschöpfen kann, wenn man die Martinsgans brät. Da Gänsefett einen hohen Schmelzpunkt hat, ist es rasch flüssig und wird auch im lauwarmen Kartoffelsalat noch nicht fest. Es gehört zu den gesündesten Fettarten, eignet sich obendrein bestens für Bratkartoffeln.

BEILAGE Knuspriges Weiß- oder angeröstetes Roggenbrot.
GETRÄNK Ein üppiger, trockener Weißwein mit gutem Säuregerüst – Chardonnay, Grau- oder Weißburgunder, vorzugsweise aus Burgund, Graubünden oder auch aus Deutschland, wenn er auf kalkigem Boden (Jura) gewachsen ist. Auch Bier oder grüner Tee passt gut dazu.

Kartoffelsalat
MIT GERÄUCHERTER GÄNSEBRUST

Kartoffelsalat MIT LEBERWURST

Der Reiz dieses Salats besteht in besonderer Weise darin, dass die eiskalten Wurstwürfel in den noch warmen Kartoffeln anschmelzen dürfen, aber einen festen Kern bewahren müssen. Dieser Gegensatz ist hochspannend, aber rasch vergänglich, weshalb der Salat unbedingt unmittelbar nach dem Zusammenfügen der verschiedenen Komponenten serviert werden muss. Steht er auch nur ein kleines Weilchen herum und schmilzt das Fett der Leberwurst, so wirkt er fettig, mächtig, unelegant und ist überaus sättigend.

Zubereitungszeit: 10 Minuten + Kochzeit der Kartoffeln

Für 4 Personen

400 g Kartoffeln (siehe Tipp)
3 Frühlingszwiebeln
1 große, leicht scharfe Chilischote (Jalapeño)
2–4 EL Brühe
1 Rezeptmenge Senf-Vinaigrette mit Rotweinessig, aber halber Ölmenge (siehe Seite 238)
125 g feste (Pfälzer) Leberwurst
2 EL frisch abgezupfte Majoranblättchen

Kartoffeln in der Schale gar kochen.
Frühlingszwiebeln in etwa 3 mm breite Ringe schneiden, die **Chilischote** entkernen und fein würfeln.
Kartoffeln gleich nach dem Garwerden abgießen und sofort schälen. In der Salatschüssel mit einer Gabel in daumenkuppengroße Stücke zerteilen und dabei ein wenig zerdrücken. Mit **Brühe** benetzen und mit der Vinaigrette umwenden.
Die **Leberwurst** in etwa 2 cm große Würfel schneiden, mit den **Majoranblättchen** zufügen und sofort servieren.

TIPP Ob Sie mehlig- oder festkochende Kartoffeln nehmen, ist Geschmackssache. Wir ziehen mehlige vor, weil sie sich beim Aufbrechen etwas auflösen und dabei die Vinaigrette besser aufnehmen. Sieht allerdings etwas weniger schön aus ...

BEILAGE Brot oder Brezeln.
GETRÄNK Kräftiger trockener Riesling (Pfalz).

Die klassische Art, die Schnecken mit Knoblauch-Petersilien-Butter im Häuschen zu servieren, ist aus der Mode gekommen: Kauft man sie fertig gefüllt, taugt die Butter nicht viel. Und macht man sie selbst, ist das Füllen eine ziemlich langwierige Arbeit. Inzwischen hat man Schneckenpfännchen mit Vertiefungen entwickelt, aber das ist auch keine wirklich befriedigende Lösung. Dieses Rezept ist für Liebhaber des charakteristischen würzigen Geschmacks eine ideale Lösung – geht schnell, schmeckt umwerfend intensiv und kann sich vor dem Hintergrund des Kartoffelaromas prächtig entwickeln.

Zubereitungszeit: 15 Minuten + Kochzeit der Kartoffeln

Für 2–4 Personen

400 g vorwiegend festkochende Kartoffeln (z. B. Quarta, Selma oder Belana)
1 Dose (2 Dutzend) Weinbergschnecken
4–6 große Knoblauchzehen
1 großes Bund Petersilie
40 g Butter
1 Rezeptmenge Senf-Vinaigrette (siehe Seite 238), angemacht mit nur 1 TL Senf
Salz
weißer Pfeffer aus der Mühle
Cayennepfeffer

Kartoffeln in der Schale gar kochen, abgießen, sofort pellen und in die Salatschüssel legen. Dabei kann man sich die Finger verbrennen, wenn man keinen dreizinkigen Helfer hat, mit dem man die Kartoffeln aufspießen kann, ohne dass sie auseinanderbrechen. Während die Kartoffeln kochen, die **Schneckendose** schon mal öffnen. **Knoblauchzehen** sehr fein würfeln (bei der Menge lohnt sich sogar ein spezielles Gerät, etwa der Knoblauchschneider „Genius", den wir sonst selten benutzen, weil das Säubern länger dauert als das händische Hacken von ein oder zwei Knoblauchzehen), die **Petersilie** fein hacken. Die Hälfte der **Butter** in einem Pfännchen zerlassen und den Knoblauch bei milder Hitze darin andünsten, nicht bräunen. Wenn er glasig wird, die Petersilie zufügen und nur eben zusammenfallen lassen.
Schnecken samt Sud, Knoblauchbutter mit Petersilie, restliche frische **Butter** und **Senf-Vinaigrette** an die gerade geschälten, noch sehr heißen Kartoffeln geben. Mit einer Gabel die Kartoffeln zerteilen und auseinanderdrücken, sodass eine Art von stückiger Matsche entsteht. Die sieht zwar nicht überwältigend schön aus, duftet aber bereits herrlich – und nur ein sehr starker Charakter wird jetzt nicht bereits beim Nachwürzen und Abschmecken mit **Salz, Pfeffer** und **Cayennepfeffer** eine ganze Portion naschen … Bald servieren, denn nur so lange der Salat noch warm ist, bleibt die Butter geschmeidig.

TIPP Die echten **Weinbergschnecken** (Helix pomatia) oder die gestreiften Weinbergschnecken (Helix lucorum) schmecken am besten, haben eine angenehme Konsistenz und sind schön groß. Meist wird jedoch die billigere Achat-Schnecke angeboten, die weicher und weniger aromatisch ist. Die meist aus französischer Zucht stammende Petit gris (Cornu aspersum oder Helix aspersa) ist ebenfalls gut, jedoch viel kleiner, sodass man die doppelte bis dreifache Menge braucht.

BEILAGE Warmes, knuspriges Baguette.
GETRÄNK Herzhafter Weißwein (Riesling), duftiger Rosé (Provence) oder fruchtiger Rotwein (Spätburgunder).

Kartoffelsalat MIT SCHNECKEN

„Magerer" Kartoffelsalat MIT SCHINKEN

Als junger Student war Moritz in den Semesterferien in Tours, um sein Schulfranzösisch zu verbessern. Im September eröffneten an mehreren Straßenecken Stände, an denen man frische Austern essen konnte; zwölf Stück kosteten halb so viel wie ein einziges Exemplar in München. Also gab's jeden Tag mehrere Dutzend ... Moritz fing sich eine Gelbsucht ein – strengste Bettruhe wurde verordnet, die Heimreise untersagt. Die reizenden Wirtsleute, Familie Sarah, richteten dem Kranken ihre Couch im Wohnzimmer als Lager, versorgten ihn mit Lektüre (Romain Rolland und Marcel Proust) und pflegten ihn hingebungsvoll sechs Wochen lang bis zur Reiseerlaubnis. Fett und Alkohol waren strengstens verboten. Madame Sarah entwickelte, da sie die Säureangabe auf der Essigflasche für den Alkoholgehalt hielt, einen speziellen Diät-Kartoffelsalat, dessen charakteristischen Geschmack der einstige Patient auch heute noch heiß liebt und den er zur Freude der Hausgäste gern zum späten Frühstück serviert.

Zubereitungszeit: 15 Minuten + Kochzeit der Kartoffeln

Für 4–6 Personen

500 g festkochende Kartoffeln (z. B. Sieglinde, Selma oder Bamberger Hörnla)
250 gekochter Schinken ohne Fett in Scheiben
1 milde weiße Zwiebel oder 3 Frühlingszwiebeln
1 Bund glatte Petersilie
Saft von 1 großen Zitrone (vorzugsweise aus Amalfi)
schwarzer Pfeffer aus der Mühle
grobes, ungereinigtes Meersalz (aus Guérande)

Die **Kartoffeln** als Pellkartoffeln aufsetzen und weich kochen.
In der Zwischenzeit den **Schinken** in Streifen oder Quadrate schneiden. **Zwiebel** oder **Frühlingszwiebeln** putzen, waschen und in feine Ringe schneiden. **Petersilie** waschen, von den Stielen zupfen und nur grob zerschneiden – nicht fein hacken!
Alle diese Zutaten in eine Salatschüssel füllen. Sobald die Kartoffeln gar sind, das Wasser abgießen, sofort pellen und noch heiß zu den Salatzutaten in die Schüssel geben. Unverzüglich den **Zitronensaft** darübergießen, **pfeffern** und **salzen.** Erst jetzt die Kartoffeln mithilfe einer Gabel und eines Küchenmessers in der Schüssel zerkleinern, dabei alle Zutaten miteinander mischen. Ein Teil der Kartoffeln soll sich aufzulösen beginnen, die Hälfte aber in kleinen und größeren, unregelmäßigen Stücken erhalten bleiben.
Noch einmal abschmecken: Der Salat sollte schön säuerlich sein und braucht keinen Tropfen Öl – oder höchstens einen „Faden"! Allerdings muss man ihn sofort servieren, weil er sonst, sobald er abgekühlt ist, zu trocken wird. In diesem (eigentlich unbedingt zu vermeidenden) Fall muss man ihn mit einem guten Schuss kräftiger Fleischbrühe wieder auffrischen und geschmeidig machen.

TIPP Das grobe Meersalz soll in Kristallen erhalten bleiben – besonders gut gelingt das (und schmeckt auch vorzüglich), wenn man es mit einem kleinen Schuss kräftigem, bitterem Olivenöl (aus der Toskana) verrührt und ganz zum Schluss untermischt.

BEILAGE Knuspriges Baguette.
GETRÄNK Der Patient hatte sich einst mit Tee zu begnügen, heute zieht er ein frisch gezapftes Pils oder ein Glas Champagner extra brut vor.

ELEGANT BIS RUSTIKAL

Feine Genüsse à la carte!

Es ist erstaunlich, wie sehr sich unsere Essgewohnheiten in den vergangenen Jahrzehnten gewandelt haben. Wir sind anspruchsvoller geworden, geben uns nicht mehr mit einem magenfüllenden Gericht pro Mahlzeit zufrieden, wollen schon gar nicht jede Woche im ewig gleichen Rhythmus dasselbe kochen oder vorgesetzt bekommen, wie das früher üblich war. Wir haben vielmehr Lust – vor allem, wenn wir uns womöglich die Woche hindurch außer Haus eher schnell und preiswert versorgt haben –, am Wochenende schön zu kochen. Natürlich gern immer wieder mal bewährte Lieblingsgerichte, aber am liebsten auch Neues, wir freuen uns über Abwechslung. Dann empfinden wir Küchenarbeit nicht als

Fron, sondern als Vergnügen, für das man gern einigen Aufwand betreibt. Das könnte mit einem Waldspaziergang beginnen, auf dem man ein paar Pilze oder Kräuter findet, oder mit dem gemütlich-genüsslichen Einkauf auf dem Markt oder in einem anspruchsvollen Supermarkt (Einkaufszentrum), wo man die rare, ausgefallene Zutat entdeckt, die man schon lange gesucht hat – kleine junge Artischocken etwa, blaue Kartoffeln, großartigen Fisch, köstliche Krebse oder ein super abgehangenes, reich marmoriertes Rinderfilet. Da gibt's zu den Vorbereitungen in der Küche schon mal was Gutes zu trinken, vielleicht helfen die Gäste mit, man plaudert, lacht und nascht. Der Weg gehört zum Ziel!

Ein Salat, der perfekt nur im Frühjahr zubereitet werden kann und durch seine anregende Bitterkeit und seinen unerwartet warmen Schmelz alle Gourmets begeistert. Die klassische Beigabe zum Löwenzahnsalat, nämlich im eigenen Fett ausgebratene Speckwürfelchen und Weißbrotcroûtons, wäre in Verbindung mit dem zarten Carpaccio zu deftig, zu wenig elegant ...

Zubereitungszeit: 25 Minuten + Kochzeit der Kartoffeln am Vortag

Für 2 Personen

250 g am Vortag in der Schale gekochte Kartoffeln
2 EL Olivenöl zum Braten
100 g sehr kleine, junge, mit Wurzelansatz gestochene wilde Löwenzahnpflänzchen
150 g trocken gereiftes Rinderfilet
2 EL bestes Olivenöl
Salz
schwarzer Pfeffer aus der Mühle
½ Rezeptmenge Senf-Vinaigrette mit Apfelessig (siehe Seite 238)

Kartoffeln pellen, in zentimeterkleine Würfel schneiden und im **Olivenöl** von allen Seiten möglichst gleichmäßig golden bräunen – dazu immer wieder durchschütteln.
Inzwischen die kleinen wilden **Löwenzahnpflänzchen** putzen, dabei das Wurzelende sauber schaben, und waschen. Nicht zerteilen, sondern die Pflänzchen ganz lassen. Gut abtropfen lassen und richtig trocken schütteln.
Rinderfilet auf der Aufschnittmaschine dünn aufschneiden – bitte nicht vorher gefrieren, das macht das Fleisch wässrig), eventuell mit der Messerklinge noch dünner ausstreichen.
Einen Teller mit **Olivenöl** bestreichen, mit **Salz** bestreuen, mit **Pfeffer** übermahlen und die Carpaccioscheiben hübsch darauf drapieren (flach oder als locker fallende „Tücher").
Die Kartoffelwürfel noch heiß mit der **Vinaigrette** anmachen. Sofort Löwenzahn untermischen und auf dem Carpaccio anrichten. Das Fleisch mit der Sauce des Salats beträufeln und direkt servieren.

TIPP Will man das Gericht als alleinigen Imbiss oder in einem Menü als Hauptgericht servieren, gibt man zu jeder Portion noch ein oder zwei wachsweich pochierte Eier dazu.

BEILAGE Frisch aufgebackenes Baguette oder Ciabatta.
GETRÄNK Ein junger deutscher Weißburgunder vom Kalkstein.

Gebratener Kartoffelsalat mit
LÖWENZAHN AUF CARPACCIO VOM RINDERFILET

Kartoffelsalat
MIT ROHEN ARTISCHOCKEN UND TOMATE

Ein absoluter Lieblingssalat! Er gelingt im Frühsommer am besten, wenn es noch die kleinen, zarten, violetten Artischocken aus Italien gibt, aber schon die ersten Kartöffelchen ausgebuddelt werden und die noch halbgrünen, stark gerippten italienischen Fleischtomaten (Costoluti) auf den Markt kommen. Am liebsten richten wir ihn auf einem Bett von gemischten Salatblättern an – Rucola, Batavia und Frisée oder Lollo bianco bilden eine schöne Farbpalette.

Zubereitungszeit: 45 Minuten

Für 4 Personen

400 g neue festkochende Kartoffeln
4 kleine, junge Artischocken
2 große, milde und saftige Zitronen
4–5 Anchovisfilets (in Olivenöl)
3 nicht zu kleine Knoblauchzehen
2 EL Kapern
schwarzer Pfeffer aus der Mühle
3–4 EL feinstes Olivenöl
1 rote Zwiebel
1–2 feste, halbgrüne Fleischtomaten
1 Tasse kleine violette Oliven
½ Bund Petersilie
Salatblätter zum Anrichten

Die **Kartoffeln** in der Schale gar kochen.

Unterdessen die **Artischocken** waschen und das Wasser zwischen den Blättern kraftvoll ausschütteln. Die obere Hälfte quer abschneiden. Den Boden rundum wie eine Kartoffel schälen, auch den auf etwa 3 cm gekürzten Stiel, bis keine faserigen oder harten Teile mehr am hellen Herzen sitzen. Mit einer halbierten **Zitrone** abreiben, damit sie nicht dunkel werden. Oben aufbiegen und, falls vorhanden, das stachelige „Heu“ mit einem scharfkantigen Teelöffel (oder Pariser Gemüseausstecher) herauslösen. Die **Zitronen** auspressen, etwas Zitronensaft in die Artischocken hineinträufeln und mit den Fingern darin verteilen. Auf dem Gemüsehobel parallel zum Stiel in gut 1 mm dünne Scheiben hobeln, sodass der mittlere Teil die Form der ausgehöhlten Artischockenherzen wiedergibt. Wieder mit Zitronensaft beträufeln und umwenden.

Jetzt dürften die Kartoffeln gar sein. Abgießen, um etwas abzukühlen. In dieser Zeit **Anchovisfilets, Knoblauchzehen** und **Kapern** sehr fein hacken und mischen. In der Salatschüssel aus der Mühle **pfeffern,** mit dem restlichen Zitronensaft und **Olivenöl** verrühren. Die **Zwiebel** in feine Segmente schneiden (halbieren, schmale Scheiben abschneiden, die in der Mitte spitz zulaufen) und in die Schüssel geben, ebenso die Artischockenscheiben. **Tomaten** mit Schale verwenden, den harten Stielansatz herausschneiden, das Fruchtfleisch in Würfelchen schneiden und mitsamt Kernen und Fruchtwasser zufügen, auch die ganzen **Oliven.** Schließlich die Kartoffeln pellen, hineinschnibbeln, umwenden und kurz ziehen lassen. Jetzt noch die **Petersilie** sehr fein hacken und eine Platte oder die Teller mit gewaschenen und trocken geschleuderten **Salatblättern** auslegen, den nochmals durchgemischten Kartoffelsalat darauf anrichten und mit etwas Zitronenschale überreiben.

TIPP Auch mit Basilikum ein Gedicht. Wenn wir frische karibische Chili bekommen – was um diese Jahreszeit nicht leicht ist –, fügen wir noch einen Hauch von deren Schärfe und Aroma hinzu: Einfach sensationell!

BEILAGE Bauernbrot.
GETRÄNK Ein frischer, trockener, aber fruchtiger Weißwein.

Festkochende Kartoffeln, fast ganz abgekühlt und gut abgebunden, sodass es schöne Rädchen gibt. Der Salat wird natürlich nur so gut, wie die frischen thailändischen Kräuter sind. In Großstädten ist ihr Einkauf natürlich kein Problem, in ländlichen Regionen freilich schon. Deshalb bringen wir außerhalb der Gartensaison diese Zutaten von unterwegs mit – sie halten sich im nicht zu kalten Kühlschrank (ganz oben, in feuchtes Küchenpapier gewickelt und in Plastikboxen verpackt) einige Tage frisch, sodass nicht zu viel Abfall entsteht.

Zubereitungszeit: gut 30 Minuten + Koch- und Abkühlzeit der Kartoffeln

Für 4–6 Personen

750 g Salatkartoffeln (z. B. Bamberger Hörnla, Kipferl oder La Ratte)
250 g gekochtes Rindfleisch (z. B. Tafelspitz oder Schulternaht)
1 Bund Radieschen
je ⅓ rote, grüne und gelbe Paprikaschote
1 Bund Frühlingszwiebeln
2 Knoblauchzehen
ca. 3-cm-Stück Ingwer
evtl. je 1 kleine rote und grüne thailändische (scharfe) Chilischote
2 EL thailändischer Duftreis

Salatsauce

2 EL Fischsauce
1 EL Sojasauce
1 EL Chilisauce
4 EL Limettensaft
1 EL brauner Zucker (alternativ Palmzucker oder Honig)
1 TL Sesamöl
3 EL geschmacksneutrales Öl

Thailändische Kräuter

Thai-Basilikum, asiatische Minze, Koriandergrün
1 Stengel Zitronengras
2 Kaffirlimettenblätter

Kartoffeln in der Schale kochen und fast vollkommen abkühlen lassen, dann pellen und in Scheiben schneiden.
Rindfleisch auf der Aufschnittmaschine in hauchdünne Scheiben, dann in kleine Flecken oder Streifen schneiden. **Radieschen** in Scheibchen hobeln, **Paprika** in schmale Streifen und **Frühlingszwiebeln** samt Grün in schräge Scheibchen oder Röllchen schneiden. **Knoblauchzehen, Ingwer** und entkernte **Chili** fein hacken. Alles zu den Kartoffeln geben.
Den **Reis** in einer Pfanne ohne weitere Zugabe anrösten. Abkühlen lassen und grob zerstoßen – am besten in der Moulinette oder von Hand im Mörser.
Für die Salatsauce aus den aufgeführten **Zutaten** – den Honig in 2 EL heißem Wasser auflösen – eine Sauce zubereiten, über die Kartoffeln gießen und vorsichtig umwenden. Ein paar Minuten ziehen lassen.
Inzwischen die **Kräuter** vorbereiten: Je eine Handvoll abgezupfte Basilikum- und Minzeblätter in Streifen schneiden, den Koriander nur abzupfen. Das Zitronengrasherz und die beiden Kaffirlimettenblätter in haarfeine Streifchen schneiden. Die Kräuter mit dem Salat vermischen, mit den zerbrochenen Reiskörnern, die für einen interessanten Biss sorgen, bestreuen und sofort servieren.

TIPP Wer es richtig scharf mag, lässt die Chilisauce in der Marinade weg und würzt mit frischen Chilischoten.

GETRÄNK Wasser gegen den Durst und grüner Tee, Bier oder Wein für den Genuss. Wir trinken dazu am liebsten einen duftigen, aromatischen Wein, also Muskateller, Scheurebe oder Riesling von der Nahe (Monzingen) oder der Mosel (Ürzig).

Thailändischer Kartoffelsalat
MIT RINDFLEISCH

Salat aus blauen Kartoffeln
MIT GURKE UND KALBSZUNGE

Die Kartoffeln für diesen Salat sollten fast punktgenau aufgesetzt werden, sodass er nach dem Anmachen einige Minuten ziehen und trotzdem lauwarm serviert werden kann. Die Kalbszunge selbst freilich sollte aus dem Kühlschrank kommen und wird erst unmittelbar vor dem Servieren ganz dünn längs in langen, fast streifenartigen Scheiben aufgeschnitten. Die Gegensätze von kalt und warm sowie von festen Gurken und zarter Zunge, umhüllt von der sanften Cremigkeit der Kartoffeln, tragen wesentlich zum geschmacklichen Erlebnis dieses feinen Salats bei.

Zubereitungszeit: 35–40 Minuten + ca. 2 Stunden Kochzeit für Zunge und Abkühlzeit sowie Kochzeit der Kartoffeln

Für 6–8 Personen

Zunge

1 gepökelte Kalbszunge
1–2 Bund Suppengrün
Salz
1 TL Pfefferkörner
1 Lorbeerblatt
1 Chilischote

Kartoffelsalat

750 g blaue Kartoffeln
Salz
schwarzer Pfeffer aus der Mühle
1 große Zwiebel
½ normale oder 1 ganze junge Salatgurke
3–4 EL heiße Fleisch- oder Gemüsebrühe (evtl. etwas mehr)
3–4 EL Weinessig
1 Handvoll gemischte Kräuter (z. B. Schnittlauch, Estragon, Kerbel oder Dill)
3 EL Öl (vorzugsweise Olivenöl)
etwas Kräuteröl (siehe Tipp)

Die **Zunge** bereits am Vortag kochen: Mit dem grob gewürfelten **Suppengrün, Gewürzen** und **Chilischote** in einen Topf geben, mit Wasser bedecken und bei mittlerer Hitze knapp 2 Stunden leise ziehen lassen. Sticht man sie mit einer Fleischgabel an, muss diese geradezu widerstandslos hineingleiten.

Die Zunge im Sud abkühlen lassen, dann die ledrige Haut abziehen, unschöne Fett- und Knorpelstücke wegschneiden. In Frischhaltefolie wickeln und bis zum nächsten Tag kalt stellen.

Für den Salat die **Kartoffeln** in der Schale in **gesalzenem** Wasser gar kochen, nur ein wenig abkühlen und abbinden lassen. Unbedingt noch warm pellen, in Scheiben schneiden und sofort **salzen** und aus der Mühle **pfeffern.** Die **Zwiebel** fein hacken, die **Gurke** schälen und in dünne Scheibchen hobeln. Beides zufügen. Den Salat mischen, mit etwas heißer **Fleisch-** oder **Gemüsebrühe** befeuchten, mit **Essig** würzen und gründlich umwenden – dabei dürfen die Scheiben weitgehend zerfallen. Kurz ziehen lassen.

In der Zwischenzeit die **Kräuter** waschen, die Blättchen von den Stielen zupfen und fein hacken. Zum Salat geben, dann erst das **Öl** zugießen, wieder umwenden und abschmecken. Eventuell noch mehr **Fleischbrühe** zufügen, der Salat muss jetzt schön saftig sein. **Salz** und **Säure** aufeinander abstimmen.

Zum Servieren jeweils ein Häufchen Kartoffelsalat in die Tellermitte setzen. Die Kalbszunge auf der Aufschnittmaschine längs in millimeterdünne Scheiben schneiden und wie Locken auf dem Kartoffelsalat anrichten. Alles dekorativ mit **Kräuteröl** besprenkeln.

TIPP Für selbst gemachtes Kräuteröl ein Händchen voll Kräuter (zum Beispiel Petersilie, Schnittlauch, Kerbel, Dill) im Mixbecher mit Olivenöl bedecken und glatt mixen. Falls Basilikum verwendet wird, vorher sekundenkurz blanchieren, damit die Farbe erhalten bleibt.

BEILAGE Brot oder Laugenbrezel.
GETRÄNK Ein kräftiger Silvaner aus Franken, natürlich trocken, aber reif und konzentriert, mineralisch und vollmundig – oder ein herbes Bier, etwa ein Pils, fränkisches Braunes, Alt- oder Schwarzbier.

Ein edler, luxuriöser Salat, der sich an der klassischen französischen Sterneküche orientiert. In Frankreich werden Kaninchen üblicherweise mitsamt den Innereien verkauft, den sogenannten Béatilles (Leckerbissen). Bei uns wird man sie nur mit dem ganzen Tier beim Züchter selbst bekommen. Mit Herz, Leber, Nieren und eventuell Hirn angerichtet, wird daraus ein vollkommenes Zwischen- oder Hauptgericht. Keulen und Bauchlappen für ein Ragout oder Rillettes verwenden.

Zubereitungszeit: 45 Minuten

Für 4 Personen

500 g Salatkartoffeln
1 ganzes Kaninchen mit Innereien
2 große, bretonische Artischocken oder 6–8 kleine italienische Artischocken
1 Zitrone
1 Bund glatte Petersilie
4 EL Olivenöl
Salz
schwarzer Pfeffer aus der Mühle
1 Döschen oder Glas schwarze Trüffeln (12,5 g oder 25 g)
2 EL leichte Mayonnaise (siehe Seite 242)

Vinaigrette

4 EL frisch gepresster Zitronensaft
Salz
schwarzer Pfeffer aus der Mühle
1 TL Dijonsenf
1 durchgepresste Knoblauchzehe
5 EL feinstes provenzalisches natives Olivenöl extra
3 Frühlingszwiebeln

TIPP Frische Trüffeln wären entweder roh zu verwenden oder mit Portwein, Madeira, Rotwein und Fleischfond kurz gekocht.

Die **Kartoffeln** in der Schale kochen, abgießen und handwarm werden lassen.

Den Backofen auf 80 °C Ober-/Unterhitze vorheizen.

Das **Kaninchen** zerteilen: Rückenfilets und echte Filets auslösen und bereitlegen. Innereien putzen, Nieren längs halbieren, Herz und Leber in ähnlich dicke Scheiben schneiden.

Die **Artischocken** bis aufs Herz schälen, alles Harte, nicht Genießbare wegschneiden. Sofort mit einer **Zitronenhälfte** abreiben. Die Zitrone auspressen. Artischockenherzen in 3 mm dünne Scheiben schneiden und mit Zitronensaft umwenden. Die **Petersilie** waschen, trocken schütteln und hacken.

2 EL **Öl** in einer beschichteten Bratpfanne erhitzen und die Kaninchenfilets darin rundum kräftig, aber nur kurz anbraten, **salzen, pfeffern** und im heißen Ofen 20 Minuten nachziehen lassen.

In der Pfanne die restlichen 2 EL **Öl** erhitzen und die abgetrockneten Artischocken bei starker Hitze darin anrösten. **Salzen, pfeffern,** mit der Hälfte der Petersilie mischen und in einer Schüssel abgedeckt etwas abkühlen lassen.

Aus den angegebenen **Zutaten** eine Vinaigrette rühren (von den Frühlingszwiebeln nur das Weiße in dünnen Ringen). Kartoffeln pellen und in Scheiben schneiden. Mit der Vinaigrette übergießen und abgedeckt ziehen lassen; nicht umwenden.

In der Pfanne die Innereien im verbliebenen Öl nur einige Sekunden anbraten und zu den Filets geben. Den Bratensatz mit dem Saft der Trüffeln ablöschen und an die Artischocken gießen.

Die **Trüffeln** in dünne Scheiben schneiden oder hobeln. Mit den Artischocken zu den Kartoffeln geben, alles vorsichtig vermischen und hübsch auf Tellern anrichten.

Das Fleisch in sehr dünne – höchstens 2 mm starke – Scheiben aufschneiden und wie einen Fächer auf die eine Hälfte des Salats legen, die Innereien gerecht daneben verteilen. Beides mit der **Mayonnaise** bepinseln und mit der restlichen Petersilie bestreuen. Sofort servieren.

PASST ZU frisch aufgebackenem Baguette.
GETRÄNK Ein kräftiger, trockener Weißwein (Chardonnay aus Burgund oder Deutschland, möglichst von einem Kalkboden).

Kartoffelsalat mit

KANINCHEN, ARTISCHOCKEN UND TRÜFFEL

Kartoffelsalat
MIT REH

Wenn tatsächlich nach einem Festessen mal ein Rest von Rehrücken oder -keule übrig bleibt, dann machen wir uns am nächsten Tag (wenn die Gäste abgereist sind) diesen heiß ersehnten Kartoffelsalat: eine wundervolle Vorspeise! Tatsächlich legen wir es darauf an, solche Reste zu produzieren, denn vor allem Wild schmeckt uns sowieso fast immer kalt noch viel besser als warm ...

Zubereitungszeit: 25 Minuten + Koch- und Abkühlzeit der Kartoffeln

Für 2 Personen

300–400 g mittelgroße Kartoffeln
2 Schalotten
1 TL Gewürzmischung für Wild (siehe Tipp)
3 EL milder Apfelessig
2 EL Olivenöl
2 EL Haselnussöl plus etwas mehr zum Auspinseln
1 Biozitrone
1 Stück Meerrettich
50 g Feldsalat
übrig gebliebenes kaltes Rehfleisch (möglichst 100–150 g)

Die **Kartoffeln** in der Schale kochen, noch handwarm pellen und in Scheiben schneiden.
Die **Schalotten** sehr fein würfeln und zufügen, ebenso die **Gewürzmischung. Essig** und beide **Ölsorten** darüberträufeln. Ein paar Mal mit der Reibe über eine ungespritzte **Zitrone** fahren und ebenso von der **Meerrettichstange** nach Gusto frisch abreiben. Alles mit den Kartoffeln vorsichtig, aber gründlich vermischen und 10 Minuten ziehen lassen.
Feldsalatröschen putzen und unmittelbar vor dem Anrichten vorsichtig unter die Kartoffeln heben. Vier Röschen beiseitelegen.
Das ausgelöste **Rehfleisch** entweder von Hand oder auf der Aufschnittmaschine in dünne, 3–4 mm dicke Scheiben schneiden – sollte es nur mit dem Messer abzulösende Fitzelchen geben, ist's natürlich auch gut, sieht aber nicht so schön aus ...
Die Fleischscheiben auf einer mit wenig **Haselnussöl** ausgepinselten Platte oder auf Tellern kranzförmig auslegen. In die Mitte den Kartoffelsalat häufen und mit Feldsalatröschen garniert sofort zu Tisch bringen.

TIPP Unsere **Würzmischung für Wild** passt auch perfekt zur **Roten Bete** (zum Beispiel Seite 114) und überhaupt zu dunklem Fleisch oder zu kräftigen Gemüsen. Sie hält sich in einem Schraubglas, dunkel aufbewahrt, ohne Weiteres ein Jahr.
Je 1 EL Pimentkörner, Korianderkörner, weißen, schwarzen und grünen gefriergetrockneten Pfeffer, 1 TL Wacholderbeeren, 2 EL helle Senfkörner, 2 Nelken und 1–2 getrocknete, entkernte Chilischoten (ohne Stiel) in einer trockenen Pfanne ohne Fett rösten, bis sie zu springen beginnen und duften. Abgekühlt mit 1 kleinen Lorbeerblatt, je 1 TL braunem Zucker und Salz im Mörser oder Mixbecher zu feinem Pulver mahlen.

BEILAGE Gebutterte und mit Schnittlauchröllchen bestreute Pumpernickelscheiben.
GETRÄNK Leichter, fruchtiger Rotwein oder ein frisch zischendes Pils.

REZEPTIDEEN ALS REISE-MITBRINGSEL

„Wenn einer eine Reise tut, so kann er was erzählen“, lautet ein Sprichwort. Oder etwas mitbringen, was zu Hause in der Küche ganz anders verwendet wird. Oder eine Anregung bekommen ...

Jeder weiß: Reisen bildet. Man erlebt viel Neues, gewinnt Eindrücke, weiß anschließend mehr. Gebildet wird auch der Geschmack, und zwar in jeder Hinsicht, sowohl was das Kunstverständnis als auch den Gaumen betrifft – nämlich dann, wenn man sich auf die Landesküche und ihre typischen Produkte und Gerichte sowie die Art zu kochen und zu genießen einlässt. Zwei Beispiele mögen Ihnen zeigen, wie sich das auf den eigenen Speisezettel und auf unsere Kartoffelsalate auswirken kann.

Puntarelle (Cimata di Catalogna)
Im Herbst 1994 erreichten wir mit unserem Auto bei hereinbrechender Dunkelheit Rom, während ein heftiges Gewitter die Straßen in reißende Bäche verwandelte. Es war schwierig zu fahren und so war es spät geworden, sicher schon 22 Uhr verstrichen, bis wir das nicht weit vom Hotel gelegene Restaurant „Eustacchio“ betraten, das wohl wegen des schlechten Wetters kaum besucht war. Während wir noch in die Speisekarte schauten, wirbelte eine Amerikanerin herein, die hier offenbar Stammgast war, denn sie bestellte in perfektem Italienisch, noch bevor sie sich am Nachbartisch installierte, beim Kellner ihre Vorspeise, einen uns unbekannten Salat. Neugierig wollten wir sofort wissen, was das denn sei, woraufhin sie uns nichts erklärte, sondern wärmstens empfahl, ihn unbedingt zu bestellen, um ihn kennenzulernen – es sei eine tolle Spezialität des Hauses. Natürlich folgten wir ihr und waren sofort begeistert, Hauptzutat waren zartbittere, knackig-crispe, sich wie Blüten auseinanderspreizende Gebilde, die wir noch nie gesehen hatten. Nicht weniger gefiel uns die herrlich duftende, cremige, knoblauchlastige Sardellen-Vinaigrette, die sofort den ganzen Mund füllte – wunderbar!

Schließlich wollte unsere Tischnachbarin, die inzwischen von wild durcheinanderschnatternden römischen Freundinnen und Freunden umringt war, die alle ebenfalls inzwischen den Salat vor sich auf dem Teller hatten, wissen, wie er uns schmeckt. Wir brauchten nichts weiter zu erklären, unsere Freude über diese Entdeckung war offensichtlich. Doch jetzt wollten wir natürlich wissen, worum es sich bei diesem uns völlig rätselhaften Salat eigentlich handelt. Da mischten sich die Römerinnen und Römer ein, jeder erklärte uns, alle gleichzeitig und sich gegenseitig an Lautstärke, Eindringlichkeit und Gebärden überbietend, sodass wir nichts, aber auch gar nichts verstanden! Haften blieb nur, dass es sich um *Catalogna* handele (die wir eigentlich kannten, allerdings in ganz anderer Form) und dass man diese *Cime* auf dem *Campo de Fiori* um die Ecke kaufen könne ... Übrigens haben wir total vergessen, was wir damals noch als *Primo* und/oder *Secondo* gegessen haben.

Gleich am nächsten Tag gingen wir auf den Campo, wo der beliebteste Gemüsemarkt Roms

Auf fremden Märkten wird man fündig: Zutaten, die unsere Kartoffelsalate bereichern können!

täglich stattfindet. Wir sahen sie sofort, an fast allen Gemüseständen, die großen, mit Wasser gefüllten Schüsseln, in denen jene blütenförmigen Gebilde schwammen, die wir gestern Abend so gern gegessen hatten. Die Marktfrauen vertrieben sich die Zeit, indem sie dick angeschwollene Catalogna-Köpfe auseinanderschnitten und putzten und sogleich verzehrfertig anboten. Wir staunten: Catalogna wurde in Deutschland immer nur als erheblich schlankere Büschel angeboten, als Löwenzahn mit dichteren, längeren, auch dunkleren Blättern. Hier hingegen handelte es sich um dicke Köpfe, umkränzt von kürzeren Blättern, die, wenn man sie auseinanderbog, dicht aneinandergewachsene, mehr als daumendicke Sprossen freigaben, jeweils fünf bis zehn Zentimeter lang. Die Marktfrauen brachen diese Blütentriebe aus, schälten sie am unteren Ende, wenn sie dort ein bisschen verholzt waren, und schnitten sie mehrmals dicht an dicht ein. Nach einiger Zeit in kaltem Wasser blühten diese Füßchen auf und spreizten sich wie Blüten oder wie Pinsel. Das Grün, so erfuhren wir von den Marktfrauen, nahm man gern fein gehackt als grüne Zutat in Risottos oder man gibt es den Kaninchen oder Hühnern.

Die *Cime di Catalogna,* in Rom *Puntarelle* genannt, anderswo auch *Cimata,* lernten wir, gehören zu den Zichorien (wie Chicorée, Endivie und Radicchio),

Der grüngelbe steirische Ölkürbis wird auf dem Feld geschlachtet, die Bäuerin holt die dunkelgrünen Kerne händisch aus dem wattigen Inneren. Für Großbauern gibt's Maschinen. Das Kürbisfleisch dient als Tierfutter. Die Kerne werden gewaschen, zwischen Steinen zermahlen und behutsam gepresst, zum „grünen" Gold, dem Kürbiskernöl.

doch während man deren Blätter liebt, wegen ihres zartbitteren Geschmacks, sind es hier die Spitzen der jungen, spargelähnlichen, innen hohlen Blütenstengel, die man schätzt. Diese typisch mediterranen Gemüsepflanzen gedeihen nur im Winter, früher vorzugsweise um Rom, inzwischen werden sie in ganz Süditalien angebaut, hauptsächlich in Apulien (Brindisi und Galatina). So langsam gelangen sie auch auf unsere Märkte, hauptsächlich bei italienischen Händlern, ziemlich unbegreiflich oft als Vulkanspargel oder Spargelchicorée bezeichnet.

Diese in Rom kennengelernte Zubereitung des Salats haben wir nun ganz genauso für einen Kartoffelsalat verwendet (Rezept auf Seite 110) – wir finden ihn unglaublich köstlich, denn die sich auflösenden Kartoffeln verbinden die einzelnen Zutaten ganz geschmeidig und doch geschmacklich unterstreichend aufs Vortrefflichste!

Überhaupt nicht fein, aber überaus praktisch – das Handy bei Tisch: ein Segen für uns Neugierige, die wir schnell etwas Neues notieren oder fotografisch festhalten wollen.

Steirisches Kürbiskernöl

Eine Recherchereise führte uns 1987 in die Steiermark, auf der wir die herrlichen neuen Weine dieser Region kennenlernen wollten, die die jungen Winzer nach dem großen Wein-Panscherei-Skandal zu bis dahin ungekannter Qualität entwickelt hatten. Natürlich besuchten wir auch Wirtshäuser, Beisln und Buschenschanken – und entdeckten eine damals bei uns noch vollkommen unbekannte Landesspezialität: das dunkelgrüne, in seiner Konzentration bräunlich wirkende, duftende Öl aus den gerösteten Kernen eines speziellen Kürbis.

Hammermäßig: intensiv und eigenwillig, unglaublich köstlich auf Bohnenkernen, grünen Bohnen, Gurken, Kartoffeln, Eierspeisen (wie man in Österreich zum Rührei sagt) oder Topfen (Schichtkäse, Quark), zu Frisch- und Bergkäse, sogar gern über die eigentlich ausreichend fette Leberwurst geträufelt – zum Frühstück unwiderstehlich!

Natürlich nahmen wir ein paar Flaschen mit nach Hause und experimentierten damit herum – eines der bleibenden Ergebnisse ist ein Salat aus warmen, vorwiegend festkochenden Kartoffeln, schmelzend weich gekochten Bohnenkernen, gern auch, wenn vorhanden, ein paar knackig gekochten Kenia-Böhnchen oder auch rohem Queller (manchmal Meeresböhnchen genannt) für den Biss, weißer Zwiebel (weiß, weil die die Farbe des Kernöls besonders schön zum Leuchten bringt), hart gekochten gehackten Eiern, einer Mischung aus Balsamico und Zitronensaft (beides besonders gut mit dem Kernöl harmonierend), Salz, Pfeffer, etwas Chilipulver – und ganz zum Schluss eben nicht zu wenig Kernöl.

Im Sommer kommen Estragonblättchen und Tomatenwürfel dazu, im Winter gern kleine Späne von Hartkäse (Parmigiano Reggiano, Grana Padano, Pecorino, Vorarlberger Bergkäse) oder kleine Bröckchen von Leberwurst (dann gehen wir mit dem Kernöl etwas zurückhaltender um).

Sie haben jetzt das Prinzip verstanden, wie man durch Reisen auf Ideen zu neuen Kartoffelsalaten kommt? Wir denken, diese Anleitung wird genügen, Ihr eigenes Lieblingsrezept zu entwickeln – und mehr noch: noch viel mehr weitere Produkte aus anderen Regionen zu entdecken und damit zu experimentieren und sie einzubinden in Ihr persönliches Lieblingsrezept ...

KARTOFFELSALAT MIT SCHWEINESCHNÄUZCHEN

Gepökelte Schweineschnäuzchen, gekocht und zum Block gepresst, den man auf der Aufschnittmaschine in feine Scheiben schneiden kann, wie man das vom Ochsenmaul kennt – Letzteres ist in Süddeutschland eine beliebte Spezialität und eigentlich immer vorrätig. Vom Schwein findet man sie seltener, muss man eventuell bestellen. Hauchdünn aufgeschnitten, kann man sie ebenso pur zum Salat anmachen, mit feinen Zwiebelringen und Petersilie, wie Ochsenmaul – die Konsistenz ist zarter, der Geschmack feiner. Wir mischen es hier in einen Salat aus gebratenen Kartoffeln, dessen Wärme das zarte Schnäuzchen behutsam schmelzen lässt – ein besonderer Kick!

Zubereitungszeit: ca. 30 Minuten + Kochzeit der Kartoffeln am Vortag

Für 4 Personen

500 g am Vortag in der Schale gekochte festkochende Kartoffeln
2 EL Olivenöl
Salz
schwarzer Pfeffer aus der Mühle
200 g gepökelte Schweineschnäuzchen
1 kleine weiße Zwiebel
1 Handvoll junge Wasabiblätter (alternativ Brunnenkresse)
3 EL Estragonessig
3 EL natives Olivenöl extra

Die **Kartoffeln** pellen und in 3 mm dünne Scheibchen schneiden. Im heißen **Öl** in einer großen beschichteten Pfanne möglichst weit auseinanderbreiten und langsam kross braten (etwa 20 Minuten). Dabei immer wieder die Pfanne schütteln, damit die Scheibchen gewendet und überall knusprig werden. Erst zum Schluss **salzen** und **pfeffern.**
Die **Schweineschnäuzchen** auf der Aufschnittmaschine in 1 mm feine Scheibchen schneiden und dann aufeinandergestapelt in zweifingerbreite Streifen schneiden. Mit den heißen gerösteten Kartoffeln mischen, dabei auch die sehr klein gewürfelte **Zwiebel** und die in feine Streifen geschnittenen **Wasabiblätter** zufügen. Mit **Essig** und **Öl** beträufeln und alles innig mischen. Sofort servieren!

SERVIEREN Allein als Vorspeise, prima auch als Beilage zu gedämpftem oder gebratenem Fisch.

GETRÄNK Ein kräftiger, fruchtiger Weißwein, etwa eine Riesling Spätlese trocken oder ein Großes Gewächs aus der Pfalz oder Rheinhessen.

VARIANTE MIT OCHSENMAUL

Zubereitungszeit: 15 Minuten + Koch- und Abkühlzeit der Kartoffeln

Für 4 Personen

500 g festkochende Kartoffeln
Salz
schwarzer Pfeffer aus der Mühle
200 g gepökeltes Ochsenmaul
1 Rezeptmenge Thai-Vinaigrette (siehe Seite 241)

Kartoffeln frisch kochen, lauwarm pellen und erst in 3 mm breite Scheiben, dann diese wiederum in 3 mm breite Stäbchen schneiden. Mit **Salz** und **Pfeffer** würzen.
Ochsenmaul wie oben angegeben aufschneiden, auf einem mit Frischhaltefolie abgedeckten Teller in der Mikrowelle 15–20 Sekunden erwärmen. Mit der **Thai-Vinaigrette** zu den Kartoffeln geben, umwenden und unverzüglich servieren.

TIPP Der Salat schmeckt also ebenso gut mit Ochsenmaul, das in unserer schwäbischen Heimat überall zu bekommen ist. Leider ist dieses allerdings meist bereits mit schlechtem Essig als Salat angemacht. Deshalb waschen wir das Ochsenmaul unter fließendem Wasser ab und machen es dann selbst auf diese Art zum Salat an.

Variante
MIT OCHSENMAUL

Kartoffelsalat
MIT SCHWEINE-SCHNÄUZCHEN

Kartoffelsalat MIT WEISSWURST

Die Bayern meinen, Weißwurst dürfe man nur so essen, wie sie es tun: heiß, mit süßem Senf und vor dem Mittagsläuten. Das war einmal – seit jedoch der Verkauf von roher Weißwurst verboten ist und die Würste direkt nach der Herstellung ohnehin erst einmal gebrüht werden, kann man sie ohne Bedenken wie jede andere Brühwurst einige Tage im Kühlschrank aufbewahren. Das Mittagsläuten durften sie früher nur deshalb nicht erleben, weil das rohe Wurstbrät sich durch das Pökelsalz rot färbte und nach dem Brühen dann eine hässliche graue Farbe bekam: Echte Weißwürste mussten frisch aus dem Kessel kommen. Weil das nun nicht mehr so ist, kann man heute unbedenklich mit der Weißwurst experimentieren. Und auch mal einen Kartoffelsalat damit zubereiten, den man in seiner reinen Form eigentlich nicht zu Weißwürsten serviert – wir haben mit diesem Vorschlag bei eingefleischten Bayern nicht nur anfängliche Entrüstung, sondern letztlich Begeisterung erlebt.

Zubereitungszeit: 20 Minuten + Kochzeit der Kartoffeln

Für 4–6 Personen

500 g kleine, schlanke Salatkartoffeln (vorzugsweise Bamberger Hörnla)
8 Weißwürste
3 Schalotten oder 2 Frühlingszwiebeln oder 1 mittelgroße rosa Zwiebel
1 großes Bund Petersilie
2 Biozitronen
1 EL Chilisauce
1 gehäufter EL Weißwurstsenf
1 guter Spritzer Worcestershiresauce
je 1 Msp. frisch geriebene Muskatnuss und gemahlener Koriander
weißer Pfeffer aus der Mühle
2 EL geschmacksneutrales Salatöl
evtl. etwas Salz

Kartoffeln in der Schale kochen, etwas abgekühlt pellen und in etwa 4 mm dünne Scheiben schneiden. Die **Weißwürste** in heißem Wasser ziehen lassen, bis sie gut durchwärmt sind. Dann ebenfalls pellen und in ebenso dünne Scheiben schneiden.
Unterdessen **Schalotten** oder **Frühlingszwiebeln** oder **Zwiebel** so fein wie möglich würfeln oder sogar reiben (von Frühlingszwiebeln das Grüne in feine Ringe schneiden). **Petersilie** ganz fein hacken oder wiegen. Von einer halben **Zitrone** die Schale abreiben, ansonsten aus beiden **Zitronen** den Saft auspressen.
Alle Zutaten in eine Schüssel geben und mit **Chilisauce, Senf, Worcestershiresauce, Muskatnuss, Koriander** und **Pfeffer** sowie dem **Öl** anmachen. Wenigstens noch 10 Minuten ziehen lassen, eventuell mit etwas Weißwurstbrühe die gewünschte Saftigkeit herstellen und noch einmal abschmecken.

TIPP Unbedingt eine gute, original asiatische Chilisauce nehmen, vorzugsweise Sriracha ohne Glutamat, die nicht zu süß schmeckt. Die Würze des Salats können Sie vielfältig abwandeln. In diesem Rezept wurden die bei der Weißwurstherstellung üblichen Grundgewürze (Zitronenschale, Petersilie, Pfeffer sowie Muskatnuss) berücksichtigt. Aber mit einer oder zwei weiteren Zutaten lassen sich interessante Akzente setzen: mit Kapern, Knoblauch, Kaffirlimettenblättern, Limetten statt Zitronen, Orangenschale, chinesischer Pflaumensauce, japanischer Sojasauce, frisch geriebenem Ingwer und frischen Kräutern (Basilikum, Estragon, Kerbel, Zitronenmelisse, Liebstöckel, Schnittlauch sowie alle asiatischen Kräuter wie Thai-Basilikum oder Koriandergrün).

BEILAGE Brezeln oder Roggenwecken (in München Riemische genannt) mit Kümmel.
GETRÄNK Natürlich Bier, dunkles oder helles oder auch ein Weißbier.

Thunfisch-Konserven können wie Sardinen und Anchovis zu den wirklich guten Produkten gehören, die durch die Verarbeitung eine eigene Kategorie bilden, mit dem frischen Ausgangsprodukt aber nur noch wenig gemein haben. Also ähnlich wie bei Wurst, Schinken, Käse. Die Konservierung schafft hier neue Qualität. Spitzenprodukt ist die fette Ventresca aus dem Bauchfleisch vom Thunfisch, ihres Wohlgeschmacks und hohen Preises wegen fast immer in bestem Olivenöl eingelegt. Deshalb verwenden wir hier das Öl in der Vinaigrette.

Zubereitungszeit: 10 Minuten + Kochzeit der Kartoffeln

Für 2 Personen

500 g mehligkochende Kartoffeln
1 kleine rosa Zwiebel
1 Bund krause Petersilie
1 Rezeptmenge Senf-Vinaigrette (siehe Seite 238)
1 kleine Dose Thunfisch (Ventresca; ca. 125 g/80 g Einwaage)
Salz
schwarzer Pfeffer aus der Mühle
Salatblätter zum Anrichten

Kartoffeln in der Schale kochen, abgießen und etwas abkühlen lassen. Unterdessen die **Zwiebel** in feine Würfel schneiden, die **Petersilie** fein hacken und die **Vinaigrette** zubereiten – ganz nach persönlicher Vorliebe mit Obstessig oder Zitronensaft, dabei das **Öl** aus der Thunfischdose verwenden, es sollte gerade reichen – wenn nicht, die gewünschte Menge mit frischem **Öl** ergänzen. Den **Thunfisch** aus der Dose nehmen und zerpflücken.

Die etwas abgekühlten Kartoffeln pellen, in eine Schüssel legen und mit dem Stampfer nur grob zerdrücken. Zwiebel, Petersilie, Thunfisch und zwei Drittel der Vinaigrette zufügen und alles innig vermischen – mit **Salz** und **Pfeffer** abschmecken und gegebenenfalls nachwürzen, vor allem auf **Salz** und **Säure** achten.

Auf den **Salatblättern** anrichten und diese mit der restlichen Vinaigrette beträufeln.

TIPP Schmeckt auch sehr gut mit dem Wasabi-Dressing (siehe Seite 241).

BEILAGE Knusprig aufgebackenes Baguette.
GETRÄNK Ein blumiger Junmai-Sake.

Stampfkartoffel-Salat MIT THUNFISCH

Kartoffelsalat MIT GRÜNEN BOHNEN UND GARNELEN

Ein eleganter Vorspeisensalat, der in einem anspruchsvollen Menü den verheißungsvollen Auftakt bildet.

Zubereitungszeit: 45 Minuten

Für 4 Personen
300 g festkochende Kartoffeln
8 größere TK-Garnelenschwänze in der Schale
1 TL Speisestärke
ca. 250 g breite Bohnen (Schwertbohnen)
Salz
1 Bund Bohnenkraut (8–10 kleine Stengel)
4 junge Knoblauchzehen
1 kleine Zucchini
2 Frühlingszwiebeln
hellgrün-gelbliche Herzblätter eines Kopfsalats
2 EL Olivenöl
schwarzer Pfeffer aus der Mühle
Salatblätter zum Anrichten

Salatmarinade
1 EL Sherry-Essig
1 EL Dijonsenf
wenig Salz
viel frisch gemahlener schwarzer Pfeffer aus der Mühle
4 EL Walnussöl

Die **Kartoffeln** in der Schale kochen. Unterdessen die **Garnelenschwänze** gefroren in eine Schüssel geben und mit kochendem Wasser überbrühen. Nach 1 Minute abgießen und in Eiswasser abschrecken – die Garnelen sind jetzt noch nicht ganz aufgetaut, aber garantiert desinfiziert. Garnelen schälen und entdärmen (den schwarzen Faden entlang des Rückens auslösen), dabei längs halbieren. Mit **Stärke** einpudern und rundum einmassieren.
Die **Bohnen** putzen und schräg in 3 mm breite Stücke schneiden, dann in **Salzwasser** mit zwei Stengeln **Bohnenkraut** und einer zerdrückten **Knoblauchzehe** 2–3 Minuten kochen, abgießen, eiskalt abschrecken. Die restlichen **Bohnenkrautblätter** abzupfen und fein hacken, die übrigen **Knoblauchzehen** schälen und in feinste Würfelchen schneiden. **Zucchini** längs in Streifen hobeln, diese schräg in Stücke schneiden. Die **Frühlingszwiebeln** mit dem festen Grün schräg in Scheibchen schneiden. **Salat** waschen und gut abtropfen lassen oder trocken schleudern.
Die Kartoffeln sollten jetzt fertig gekocht sein – abgießen, etwas abkühlen lassen und pellen.
Die Garnelen im heißen **Olivenöl** unter stetem Rühren 2 Minuten braten, dabei mit dem Knoblauch bestreuen, mit **Salz** und **Pfeffer** würzen. Beiseitestellen und nachziehen lassen.
Für die Salatmarinade die angegebenen **Zutaten** in einer Schüssel verrühren. Kartoffeln in etwa 1,5 cm große Würfel schneiden und mit den Garnelenschwänzen zufügen, sofort darin umwenden und kurz durchziehen lassen.
Zucchini, Frühlingszwiebeln, Salatherzblättchen, restliches Bohnenkraut und Knoblauch unter die Kartoffeln und Garnelen mischen, auf **Salatblättern** hübsch anrichten und noch lauwarm servieren.

TIPP Wir haben die Salatsauce bewusst kurz gehalten – den Garnelen kommt das zugute. Eventuell für die Salatblätter eine weitere Vinaigrette vorsehen (siehe Seite 238 ff.).

BEILAGE Brot (frisch aufgebackenes Baguette).
GETRÄNK Ein trockener Rosé aus der Provence – oder Deutschland, denn die hiesigen sind inzwischen durchaus konkurrenzfähig, aber meist weniger alkoholreich mit elegant-säuerlicher Frische.

Krebsfleisch aus der Dose oder Tiefkühltruhe genügt hier nicht: Es sind frische, also lebende Flusskrebse nötig – eine höchst luxuriöse Geschichte! Die Salatsauce entsteht nämlich auf Basis einer Bisque, wie man in der Küchensprache die cremige Suppe nennt, die man aus den Schalen von Krustentieren herstellt. Bei einem richtigen Krebsessen ist es für die Gäste ein Vergnügen, die Krebse selbst zu zerlegen, auszulösen und zu genießen. Fingerschalen und große Servietten nicht vergessen! Am nächsten Tag gibt's dann diesen unglaublich exquisiten Kartoffelsalat.

Zubereitungszeit: (Krebsessen am Vortag) 15 Minuten + ca. 50 Minuten Kochzeit; (Salat) 30 Minuten + ca. 2 Stunden Koch- und Abkühlzeit

Für 4–6 Personen

Krebsessen

1 kleine Zwiebel
2 EL Butter
2 EL Dillsamen
1 Handvoll Dill (dabei auch 2–3 Dilldolden)
2 Gläser trockener Weißwein
mindestens 3 kg, besser 5 kg lebende Flusskrebse

Krebsbutter

250 g Butter
2–3 EL Cognac
1 EL Mehl
Salz
schwarzer Pfeffer aus der Mühle
1 Prise Zucker

Kartoffelsalat

800 g festkochende Kartoffeln
1 kleine rote Zwiebel
4–5 Shisoblätter
1 kleines Händchen voll Dill
Saft von 1 großen, milden Zitrone (von der amalfitanischen Küste)
Salz
schwarzer Pfeffer aus der Mühle
Shiso- und Salatblätter zum Anrichten

GETRÄNK Weißer Burgunder.

Für das Krebsessen einen Sud kochen: **Zwiebel** würfeln, in einem Topf, der vier bis sechs Krebse fassen kann, in **Butter** andünsten. **Dillsamen,** gehackten **Dill** und **Dolden** zufügen, **Wein** und circa 2 l Wasser angießen und 20 Minuten köcheln lassen.
Die **Krebse** nacheinander jeweils portionsweise kopfüber in den sprudelnd kochenden Sud geben, mit einem Kochlöffel unter die Oberfläche drücken, dann sind sie sofort tot. Bei kleinerer Hitze etwa 5–6 Minuten ziehen lassen. Jeweils sofort zu Tisch bringen, Fleisch auslösen und verspeisen. Die Schalen bei Tisch sammeln, dabei das haarige Innenleben und die im Kopf sitzende Galle gleich entfernen. Den Sud aufbewahren. Etwa ein Drittel der Krebse nicht aufessen, sondern das Fleisch und das Innere aus dem Kopf auslösen und für den Salat kalt stellen.
Am nächsten Tag für die Krebsbutter Krebsschalen im Mixer zerkleinern. In einem großen, breiten Topf in **Butter** anrösten. Mit **Cognac** übergießen und anzünden – Vorsicht, große Flamme! Mit dem aufbewahrten Sud ablöschen und im offenen Topf etwa 60 Minuten auskochen. Durch ein feines Sieb filtern, kalt stellen. Die Butter sitzt dann als feste orangerote Scheibe auf der Oberfläche. Diese Butter in einer Kasserolle schmelzen, das **Mehl** darin leicht anrösten. Mit etwas Sud ablöschen, 30 Minuten köcheln lassen, dabei immer wieder Sud nachgießen, sodass eine cremige Sauce entsteht. Mit **Salz, Pfeffer** und **Zucker** abschmecken. Eine Tasse davon abnehmen und für den Kartoffelsalat vorsehen (den Rest als Süppchen in einer Tasse reichen; kann auch eingefroren werden).
Für den Salat **Kartoffeln** in der Schale gar kochen. Noch warm pellen, in dünne Scheiben schneiden und in eine Salatschüssel geben. **Zwiebel** sehr fein würfeln, **Shiso** in feine Streifen schneiden, **Dill** zerzupfen und alles zufügen. Das aufbewahrte Krebsfleisch mit 2 oder 3 EL Bisque vorsichtig erwärmen und zu den Kartoffeln geben. Alles behutsam mischen, dabei die restliche Tasse Bisque zufügen, um die Kartoffeln cremig zu umhüllen. Mit **Zitronensaft, Salz** und **Pfeffer** abschmecken. Auf einer mit **Salat-** und **Shisoblättern** ausgelegten Platte anrichten und sofort warm servieren.

Kartoffelsalat
MIT FLUSSKREBSEN

Warmer Kartoffelsalat MIT SCHWEINSÖHRCHEN

Diese Schweinsöhrchen stammen nicht vom Tier, sondern sind eine heimische Pilzsorte, die ihren Namen dem charakteristischen Aussehen verdankt. Die schweinchenrosa, gallertigen Pilze – auch „Orangeroter Schüsselpilz" genannt und zu den Becherlingen gerechnet – wachsen von Juli bis Oktober gern an feuchten Stellen unter Heidekraut und Heidelbeeren, auch an Wegrändern und in Gräben. Da man die Pilze nicht verwechseln kann, sind sie auch Laien zu empfehlen. Sie schmecken fein-würzig, vorzugsweise roh in Streifen geschnitten, wobei sie ihr Aroma erst voll entfalten, wenn man sie anwärmt und mit etwas Säure verbindet. Was wäre dazu besser geeignet als ein Kartoffelsalat?

Zubereitungszeit: 15 Minuten + Koch- und Abkühlzeit der Kartoffeln

Für 2 Personen
250 g Salatkartoffeln
50–100 g Schweinsöhrchen
Marinade
1 Schalotte
2 EL sehr fein gehackte Petersilie oder frischer Koriander
Salz
schwarzer Pfeffer aus der Mühle
4 EL milder weißer Reisessig
2 EL neutrales Pflanzenöl
4 Tropfen (!) Sesamöl

Kartoffeln in der Schale kochen, abgießen und pellen, sobald man sie gut anfassen kann, und in feine Scheiben schneiden. Inzwischen **Pilze** waschen, putzen, abtropfen lassen, gut trocken tupfen und in Streifen schneiden. Roh zu den warmen Kartoffeln geben, dabei 1–2 Minuten geradezu etwas anschmelzen lassen. Mit der sehr fein gewürfelten **Schalotte** und den angegebenen **Zutaten** eine Marinade anrühren, zum Salat geben, umwenden und sofort – also unbedingt noch lauwarm – servieren.

TIPP Gut sieht es aus – und schmeckt auch gut –, wenn der Salat auf einem Blätterkranz angerichtet wird: krause Endivie, Kopf- oder Romanasalat, eventuell auch Giersch und Rucola; auch dünne Scheiben von einer nur streifig geschälten Salatgurke oder einer großen Fleischtomate wären denkbar.

BEILAGE Brot oder Brezel.
GETRÄNK Ein steinwürziger Silvaner aus Franken.

In Bayern nennt man die fast gallertigen, zu einem trichterförmigen Ohr geformten Pilze familiär und burschikos „Schweinsöhrl". Wir haben sie dort in einem einfachen Gasthaus zum ersten Mal roh auf einem frisch gerösteten Roggenbrot serviert bekommen, was uns sehr gefallen hat. Brät man sie in der Pfanne, so erklärte man uns, zergehen sie, lösen sich fast auf. Wir haben dann experimentiert und finden die Verbindung mit Kartoffeln noch besser. Nicht nur mit frisch gekochten, wie im Rezept auf der vorstehenden Seite, sondern auch mit gebratenen – denn etwas Wärme brauchen sie, um anzuschmelzen und ihr Aroma zu entwickeln.

Zubereitungszeit: 35 Minuten + Koch- und Abkühlzeit der Kartoffeln am Vortag

Für 2 Personen

ca. 350 g am Vortag in der Schale gekochte Kartoffeln (3 blaue und 3 rosa oder gelbe mehligkochende)
2 EL Mehl
4 EL Olivenöl
Salz
schwarzer Pfeffer aus der Mühle
1 rote Chilischote (Schärfe und Größe nach Gusto)
1 Salatgurke
1 kleine rosa Zwiebel
3 schöne Stengel Dill
2 EL Holunderblütenessig
1 gute Handvoll Schweinsöhrl (ca. 125 g)

Die **Kartoffeln** müssen unbedingt abgebunden, deshalb bereits am Vortag gekocht sein. Pellen und möglichst exakt zentimetergroß würfeln. Auf einem Teller das **Mehl** häufen, die Kartoffelwürfel darin drehen und wälzen, bis sie davon rundum weiß überzogen sind. In einer beschichteten Pfanne 2 EL **Öl** erhitzen, die Kartoffelwürfel darin langsam und geduldig kross braten, dabei immer wieder schütteln und schwenken, damit alle Würfel rundum hübsche Bratspuren bekommen. Erst dann **salzen** und **pfeffern.**

Chili entkernen, sehr fein würfeln und hinzustreuen. Die **Gurke** so schälen, dass ab und zu noch feine dunkelgrüne Streifen sichtbar bleiben. Längs halbieren, mit einem Löffel alle Kerne herausstreifen. Gurke ebenfalls in zentimetergroße Würfel schneiden. Die **Zwiebel** hingegen sehr fein würfeln. Die **Dillblättchen** abzupfen; nur wenn sie sehr groß und stabil sind, quer ein paar Mal durchschneiden. Kartoffeln, Gurken, Zwiebeln und Dill in einer Schüssel mischen, dabei mit **Essig** und dem restlichen **Öl** anmachen. Erst jetzt die geputzten und in Streifen geschnittenen **Schweinsöhrl** untermischen. Sofort servieren.

BEILAGE Eine frisch aufgebackene Brezel.
GETRÄNK Bier oder ein frischer, aromatischer, trockener Weißwein (Scheurebe, Muskateller oder Sauvignon Blanc).

Salat aus gebratenen Kartoffelwürfeln

MIT GURKE UND SCHWEINSÖHRL

Salat von heißen Kartoffeln
MIT ROHEN STEINPILZEN

Dafür möglichst kleine, sehr festfleischige Pilze verwenden, die im Kontakt mit den heißen Kartoffeln ihre Struktur behalten und nicht gleich zergehen. Außerhalb der Pilzsaison bereiten wir den Salat mit Champignons zu, am liebsten mit den französischen „Champignons de Paris“, die nicht aus dem Wiesen-Egerling, sondern dem rosa, nach Anis duftenden Wald-Egerling gezüchtet wurden.

Zubereitungszeit: 15 Minuten + Kochzeit der Kartoffeln

Für 2 Personen

4–5 mehligkochende Kartoffeln (ca. 350 g)
2–3 kleine, feste Steinpilze (ca. 150 g)
½ oder 1 kleine rosa Zwiebel (alternativ 2 Frühlingszwiebeln)
4 Stengel glatte Petersilie
Salz
schwarzer Pfeffer aus der Mühle
Schale und Saft von 1 Biozitrone
3 EL heiße Brühe
1–2 EL Olivenöl

Die **Kartoffeln** in der Schale gar kochen. In der Zwischenzeit die **Pilze** putzen, senkrecht (durch den Stiel, sodass man in den Scheiben die Pilzform erkennt) in gut 2 mm dicke Scheiben hobeln und auf eine Seite der Salatschüssel häufen.
Die **Zwiebel** sehr fein würfeln, die **Petersilienblätter** abzupfen und nicht ganz so fein hacken. Auf die Pilzscheiben geben, auch **Salz** und **Pfeffer** darüberstreuen. Die **Zitronenschale** darüber verteilen, auch die Hälfte des **Zitronensafts.**
Die inzwischen gekochten Kartoffeln abgießen und gleich, also noch ganz heiß, pellen, auf die andere Seite in der Salatschüssel geben und nur mit einer Gabel aufbrechen und unregelmäßig zerteilen. Die Kartoffeln **salzen,** den restlichen **Zitronensaft** sowie die heiße **Brühe** darübergeben. Alles jetzt gründlich mischen. Erst zum Schluss das **Öl** untermischen. Den Salat sofort servieren, also noch richtig heiß.

TIPP Wichtig ist, dass die Kartoffeln wirklich frisch gekocht sind. Deshalb also alle Salatzutaten vorher oder während der Kochzeit vorbereiten und die Kartoffeln so aufsetzen, dass sie genau zum gewünschten Zeitpunkt fertig sind.
Als schnelle Variante kann man die Steinpilze auch wie ein Carpaccio auf einen mit Öl eingepinselten Teller hobeln, mit einer leichten Senf-Vinaigrette beträufeln, mit gehackten Kräutern bestreuen und einen einfachen süddeutschen Kartoffelsalat darauf anrichten.

BEILAGE Warmes Baguette.
GETRÄNK Ein trockener Chardonnay oder Weißburgunder, kräftig, aber elegant – etwa aus dem südlichen Burgund (Mâconnais, zum Beispiel Pouilly Fuissé oder Viré-Clessé), Baden oder Württemberg (vom Jurakalk).

Steinpilze lieben wir sehr. Dennoch fungieren sie in diesem Rezept als Ersatz für die edlen Kaiserlinge, unsere absoluten Traumpilze – nicht nur, weil man sie bei uns nicht findet, sondern auch, weil sie köstlich schmecken, und zwar roh wie gekocht oder gebraten. Sie kommen leider nur selten ab Ende August aus Italien oder vom Balkan (in erster Linie Rumänien) auf unsere Märkte. In München auf dem Viktualienmarkt, auch bei einigen guten Gemüsehändlern werden sie wie Kostbarkeiten angeboten. Wenn die Saison gut ist, kosten sie jedoch nicht mehr als Steinpilze.

Zubereitungszeit: 20 Minuten + Koch- und Abkühlzeit der Kartoffeln

Für 4 Personen

1 kg festkochende rotfleischige Kartoffeln (z. B. Rote Emmalie)
1 große, junge weiße Zwiebel
Salz
schwarzer Pfeffer aus der Mühle
4 EL Zitronensaft
4 EL heiße Brühe
ca. 500 g junge, feste Steinpilze oder Kaiserlinge
6 EL Olivenöl
3–4 Stengel Basilikum
2 Knoblauchzehen

Die **Kartoffeln** dürfen ruhig bereits abgebunden haben, damit die Scheiben nicht zerfallen, also etwa 60 Minuten vorher kochen. Pellen und in Scheibchen schnibbeln. Die **Zwiebel** sehr fein würfeln, die Hälfte davon zu den Kartoffeln geben, **salzen** und **pfeffern.** **Zitronensaft** darübergießen, auch die heiße **Brühe.** Gut umwenden und ziehen lassen, bis alles Weitere erledigt ist.

Die **Pilze** abwaschen, trocknen und putzen. Auf dem Gemüsehobel in circa 2 mm dicke Scheiben hobeln. Etwa die Hälfte davon, und zwar möglichst Scheiben von vollkommen kompakten Pilzen, roh zu den Kartoffeln geben.

Die größeren Pilze zum Braten vorsehen. Dafür zunächst die restlichen Zwiebelwürfel in 2 EL **Olivenöl** andünsten, dabei etwa ein Drittel des fein geschnittenen **Basilikums** zufügen, auch die sehr fein gehackten **Knoblauchzehen.** Erst wenn die Zwiebeln weich sind, die Pilze zufügen und etwa 3 Minuten sanft bräteln – und zwar so, dass appetitliche Bratspuren entstehen. **Salzen, pfeffern** und das zweite Drittel Basilikum untermischen.

Die Kartoffeln mit den rohen Pilzen mischen, restliches Basilikum sowie restliches **Olivenöl** zufügen und alles behutsam mischen. Miteinander auf den Tellern anrichten.

TIPP In Italien, sowohl in den Alpen wie im toskanischen Apennin, haben wir Kaiserlinge schon gefunden: Sie schieben sich zunächst als weißes Ei (daher ihr italienischer Name „Ovoli") aus dem Waldboden. Diese weiße Haut, die sie vollkommen umschließt, platzt auf, sobald sie sich recken und ihren Hut entfalten. Dann gleichen sie Fliegenpilzen, nur leuchten sie nicht rot, sondern orangefarben und meist ohne die weißen Flecken. Doch Vorsicht! Verwechseln kann man sie dennoch – unabsichtlich oder gewollt: Der römische Kaiser Claudius wurde so von seiner Frau vergiftet, die dadurch den Thron für ihren Sohn Nero freiräumte – daher der deutsche Name.

BEILAGE Eventuell knuspriges Weißbrot, Baguette. Ist ein wundervoller Imbiss oder auch ein feiner Gang in einem spätsommerlichen Menü.

GETRÄNK Aus Deutschland etwa ein kraftvoller, erdiger weißer Burgunder oder auch ein weiß gekelterter Spätburgunder. Aus Italien ein erstklassiger Sauvignon Blanc oder Chardonnay, Trebbiano Spoletino (Umbrien), Vermentino (Ligurien, Toskana, Sardinien), Timorasso (Piemont), Fiano di Avellino oder Falanghina (Kampanien).

Kartoffelsalat

MIT ROHEN UND GEBRATENEN STEINPILZEN ODER KAISERLINGEN

Kartoffelsalat
MIT MORCHELN UND SCHNITTLAUCH

TIPP Man kann gut auf getrocknete Morcheln zurückgreifen, die man am besten in Milch einweicht. So bekommen sie wieder ihre Zartheit zurück. Beste Ware gibt's in der Schweiz.

Im Frühling sprießen über Nacht, wenn es etwas wärmer wird und gleichzeitig regnet, die ersten delikaten Pilze: Morcheln. Es gibt verschiedene Varianten, wobei die helle Wiesenmorchel, die Spitz- und die Hohe Morchel am häufigsten vorkommen. Sie sind oft nicht leicht zu entdecken, verstecken sich gern unter Brombeerranken und Laub, im Gebüsch oder hochgewachsenen Gras. Da jetzt auch der Freilandschnittlauch kräftig und intensiv gedeiht, nehmen wir diesen (und nach Belieben auch einen Hauch Liebstöckel oder Kerbel) anstelle der üblicheren Petersilie, um dem Salat frühlingsfrische Würze zu verleihen.

Zubereitungszeit: 25 Minuten + Kochzeit der Kartoffeln

Für 2 Personen

500 g festkochende Kartoffeln
Salz
schwarzer Pfeffer aus der Mühle
2 EL milder Essig (z. B. Apfelessig)
5 EL heiße Gemüsebrühe oder Dashi (siehe Seite 219; evtl. etwas mehr)
200 g frische Morcheln
2 Schalotten oder 1 kleine Zwiebel
1 kleine Knoblauchzehe und ebenso viel Ingwer (nach Belieben)
3–4 EL Olivenöl
40 ml trockener, fruchtig- feinsäuerlicher Riesling von Mosel, Saar, Ruwer oder vom Mittelrhein
2 dicke Bund Schnittlauch
Saft und Schale von ½ Biozitrone
Fleur de Sel

Kartoffeln frisch in der Schale kochen, lauwarm abkühlen lassen, pellen und in Scheibchen hobeln. Mit **Salz** und **Pfeffer** bestreuen. Mit **Essig** und 3 EL heißer **Brühe** beträufeln und sogleich gründlich umwenden. Ziehen lassen.

Morcheln putzen und längs aufschneiden, um zu prüfen, dass keine Schnecken oder anderen Tierchen drin sind, dann gründlich waschen. Nicht im Wasser liegen lassen, sondern sofort in einem Salatsieb schütteln, bis kein Wasser mehr heraustropft. Nur die größeren Exemplare in etwa 3 cm große Stücke zerteilen.

Schalotten oder **Zwiebel** (sowie nach Belieben **Knoblauchzehe** und **Ingwer)** in feine Würfelchen schneiden. 1 guten EL **Olivenöl** in einer kleinen Pfanne erhitzen und Schalotten (oder Zwiebeln samt Knoblauch und Ingwer) darin bei milder Hitze andünsten. Ehe sie zu bräunen beginnen, die Morcheln zufügen. **Salzen** und aus der Mühle **pfeffern,** abgedeckt auf sanfter Hitze wenige Minuten ziehen lassen, bis sich ein wenig Saft gebildet hat. Deckel abnehmen, die Flüssigkeit verkochen lassen, dann mit dem **Riesling** und der restlichen **Brühe** aufgießen. Unbedeckt leise köcheln lassen, bis kaum noch Flüssigkeit übrig ist.

Unterdessen den **Schnittlauch** in millimeterfeine Röllchen schneiden, einen gehäuften Esslöffel davon für später aufheben und den Hauptteil über die Kartoffeln geben. Diese jetzt mit dem restlichen **Öl** umwenden, eventuell noch etwas **Brühe** zufügen, damit er schön „schmatzt", und mit **Zitronensaft** und **-schale, Pfeffer** und **Fleur de Sel** abschmecken.

Sofort auf zwei Teller verteilen und dabei in der Mitte eine Kuhle formen. Darein die Morcheln füllen, mit dem übrigen Schnittlauch bestreuen und unverzüglich servieren. Am Tisch vermischt sich jeder beim Essen immer nur eine Portion der Morcheln mit einer Gabel vom Salat.

BEILAGE Knuspriges Weißbrot, Baguette.

GETRÄNK Ein kräftiger, voller, aber dennoch feingliedriger, eleganter Weißwein aus Graubünden: Chardonnay oder Completer, gekeltert aus einer uralten, nur dort angebauten Rebsorte.

Die festfleischigen, trichterförmigen orangefarbenen Pilze, die einen dicken, orange leuchtenden Saft abgeben, wenn man sie anschneidet, schmecken am besten, wenn man sie kräftig brät. Entweder ganz allein, in Streifen oder Stücke geschnitten. Oder man gibt in die Pfanne zugleich auch gehackte Zwiebeln, etwas Knoblauch und Petersilie, nach Belieben sogar Wurstscheiben. So steht nach dem Pilzesammeln schnell ein köstliches Essen auf dem Tisch. Am besten sind die kleinen mit einem Durchmesser von 2 cm bis höchstens 5–6 cm.

Zubereitung: 20 Minuten + Kochzeit der Kartoffeln

Für 2 Personen

500 g festkochende Kartoffeln
3 EL milder Essig (Apfelessig)
Salz
schwarzer Pfeffer aus der Mühle
2–3 EL heiße Brühe
4 EL feines Olivenöl
2–3 gute Handvoll Reizker
1–2 EL fein gewürfelte Zwiebel
etwas fein gehackte glatte Petersilie

Die **Kartoffeln** in der Schale gar kochen, kurz ausdampfen lassen, dann pellen und in gut zentimetergroße Würfel schneiden. In einer Schüssel mit **Essig, Salz, Pfeffer** und heißer **Brühe** mischen und durchziehen lassen. Erst kurz vor dem Mischen mit den Pilzen 2 EL **Olivenöl** zufügen.
Inzwischen die **Reizker** putzen, meist ist nur der Stiel noch mal zu kappen, um die Schnittstelle aufzufrischen. Ganz kleine Exemplare nur halbieren, vierteln oder achteln – größere auch in fingerbreite Streifen schneiden. In einer unbeschichteten Pfanne rasch ohne Öl erhitzen, dabei mit **Salz** bestreuen, sodass sie Wasser ziehen. Sowie die Flüssigkeit wieder verkocht ist, die Hitze drosseln und das restliche **Öl** sowie die **Zwiebeln** zufügen, möglichst nur die Pfanne schwenken und durch Schütteln die Pilze wenden. So bleiben sie intakt und bekommen schöne Bratspuren.
Zu den Kartoffeln geben, fein gehackte **Petersilie** darüberstreuen, alles vermischen, dabei noch einmal abschmecken und sofort auf den Tisch bringen.

BEILAGE Ist für sich ein kleiner Imbiss, braucht keine weitere Begleitung.
GETRÄNK Ein frischer Weißwein (etwa ein trockener Muskateller) oder ein leichter Rosé – wenn man nicht lieber zum Bier greift.

Kartoffelsalat
MIT GEBRATENEN REIZKERN

KÖSTLICHE HAUPTGERICHTE

Ideen aus aller Welt.

Ein junges Paar, wo Mann und Frau sich die Küchenarbeit teilen, dürfte heute über ein erheblich größeres Repertoire an Rezepten verfügen als die biedere Hausfrau vor 60 Jahren, die laut Statistik durchschnittlich nicht mehr als zehn Gerichte zuzubereiten wusste. Was sie gar nicht kannte, waren leichte, feine Salate als Hauptgericht – sie servierte wohl mal zum Abendbrot einen fetten Heringssalat oder einen mächtigen russischen Salat mit Dosengemüse und Mayonnaise aus der Tube ... Johannes Mario Simmel ließ seinen Geheimdiensthelden wider Willen im 1960 erschienenen Roman „Es muss nicht immer Kaviar sein“ (dessen Rezepte die Leserschaft damals geradezu atemlos verfolgte, die Zutaten waren nach dem wöchentlichen Erscheinen neuer Folgen in der Zeitschrift „Quick“ am nächsten Tag bereits ausverkauft) keinen einzigen Kartoffelsalat auftischen – das wäre ihm viel zu kleinbürgerlich erschienen. Fast gleichzeitig änderte sich das: Der Salade Niçoise, in dem die Kartoffel als ein feines Gemüse auftritt, erlebte einen beispiellosen Siegeszug durch die Küchen der Welt, wurde zum Vorbild moderner Ernährung. Und die amerikanische Idee, sich an leichten Salaten satt zu essen, damit man anschließend arbeitstauglich ins Büro zurückkehren kann, setzte sich auch bei uns durch. Allerdings noch ohne Kartoffeln, denn diese verteufelte man zu jener Zeit als Kalorienbombe – ein Fehler, wie wir heute wissen: Kartoffeln sind gesund und sättigend, im Salat besonders wohlschmeckend und vielseitig und wenn man sich mit allzu kalorienreichen Zutaten und Saucen zurückhält, machen sie geradezu schlank.

SALADE NIÇOISE - *der Klassiker*

Anders als in Deutschland betrachtet man die Kartoffel in Südfrankreich als ganz normales Gemüse. In diesem klassischen Salat spielen die Kartoffeln keine herausragende, aber eine wichtige Rolle: Ihre gleichzeitig feste und doch geschmeidige Konsistenz vermittelt zwischen den knackigen und den weichen Zutaten, ihre Gier nach Aromen harmonisiert die verschiedenen, geschmacklich kontrastreichen Zutaten. Eine Komposition, die als wirres Potpourri erscheint, aber die Intensität des mediterranen Sommers perfekt in Einklang bringt.

Zubereitungszeit: 30 Minuten + Koch- und Abkühlzeit der Kartoffeln am Vortag

Für 4–6 Personen

6 neue, mittelgroße, bereits am Vortag in der Schale gekochte Kartoffeln (ca. 400 g)
4 Eier
200 g frische grüne Bohnen
Salz
100 g frisch gepalte oder TK-Erbsen
2 große, noch halb grüne Fleischtomaten (ca. 600 g)
2 große, milde weiße oder violette Zwiebeln (ca. 350 g)
je 1 gelbe und rote Paprikaschote
festes, hellgrün-gelbliches Herz eines schönen Kopfsalats
1 großes Bund Basilikum
12 Anchovisfilets (in Olivenöl)
2 EL kleine Kapern
4 EL kleine, grünviolette Oliven (z. B. Taggiasca aus Nizza oder Ligurien)
1 Dose oder Glas Thunfischfilets in Olivenöl (150–200 g Einwaage)

Vinaigrette

3–6 Knoblauchzehen nach Geschmack
1 EL Zitronensaft, 1 EL Rotweinessig
1 EL Dijonsenf
Salz, schwarzer Pfeffer aus der Mühle
5 EL natives Olivenöl extra

Die unbedingt bereits am Vortag gekochten **Kartoffeln** – damit sie vollkommen abbinden können und im Salat ganz bleiben – pellen und in etwa 3 mm dicke Scheiben schneiden. Die **Eier** picken und 10 Minuten im sprudelnden Wasser hart kochen. Sofort zum Abschrecken in eiskaltes Wasser legen. Schälen und vierteln. Inzwischen **Bohnen** spitzeln, längere quer halbieren oder durchbrechen. In sprudelnd kochendem **Salzwasser** 4–6 Minuten – je nach Stärke und Zartheit – blanchieren, dann sofort in eiskaltem Wasser abschrecken, damit sie Biss, Vitamine und Farbe behalten. Die **Erbsen** blanchieren – bei zarten Erbsen genügen 2–3 Minuten. Tiefgekühlte Erbsen nur auftauen lassen.
Tomaten häuten, **Zwiebeln** schälen, jeweils in Scheiben schneiden. **Paprikaschoten** entkernen und in Streifen schneiden. **Kopfsalatblätter** ablösen, waschen und trocken schleudern, alle Blätter ganz lassen. **Basilikum** waschen und die Blätter abzupfen.
Anchovisfilets auf Küchenpapier entölen und längs einmal durchteilen, sodass schmale Streifen entstehen. **Kapern** und **Oliven** in einem Sieb abtropfen lassen. **Thunfisch** in etwa 2 cm große Stücke zerteilen – wenn er zerfällt, so macht das nichts.
Für die Vinaigrette aus den durchgepressten **Knoblauchzehen** und den angegebenen **Zutaten** eine cremige Emulsion schlagen.
Mit den größten der Salatblätter eine Schüssel auslegen. Kartoffelscheiben, Bohnen, Erbsen, Tomatenscheiben und Zwiebelringe, Paprikastreifen, restliche Salatblätter, Basilikum sowie Thunfischstücke immer wieder abwechselnd locker in die Schüssel fallen lassen, sodass sie sich mit einer bunten Mischung füllt. Außen herum die Eiviertel wie Blumenblätter anrichten. Mit den Kapern bestreuen, gitterartig mit den Anchovisstreifen belegen und in jedes Karo eine Olive setzen. Mit der Vinaigrette übergießen und sofort servieren.

BEILAGE Frisch aufgebackenes Baguette.
GETRÄNK Rosé de Provence aus dem Eiskübel.

Hier werden gekochte Bohnenkerne mit bissfest blanchierten grünen Bohnen gemischt, das ergibt nicht nur farblich einen hübschen Kontrast, sondern auch in der ganz unterschiedlichen Konsistenz – mit einer herzhaften Sauce aus Anchovis, Knoblauch und Zwiebel sowie jeder Menge Kräutern. Die Bohnenkerne, weiß oder bunt, sollte man bereits gekocht haben – wobei die hübsch gesprenkelten Wachtel- oder Feuerbohnen leider ihre schöne Farbe verlieren. Und die grünen Bohnen: ganz nach Gusto und Jahreszeit breite, flache, die runden Bobbybohnen oder auch feinste Prinzessböhnchen. In jedem Fall in Stücke geschnitten und bissfest blanchiert.

Zubereitungszeit: 45 Minuten

Für 4–6 Personen

1 mittelgroßer Oktopus (ca. 600 g)
Salz
2 Lorbeerblätter
½ TL Pfefferkörner
750 g festkochende Kartoffeln (z. B. Bamberger Hörnla, Sieglinde, blaue Vitelotte oder gemischt)
4–5 Anchovisfilets
3 Knoblauchzehen
schwarzer Pfeffer aus der Mühle
3–4 EL Olivenöl
2–3 EL Sherry-Essig
2 EL kleine Kapern
1 rote Zwiebel
1–2 feste Tomaten (nach Belieben)
250 g grüne Bohnen
1–2 Tassen gekochte weiße Bohnenkerne (siehe Tipp; z. B. die schlanken Cannellini aus Italien oder die kleinen runden Coco)
1 Tasse kleine schwarze Oliven (nach Belieben entsteint)
Kräuter (z. B. Schnittlauch, Petersilie, Basilikum)
bunte Mischung von Salatblättern zum Anrichten (z. B. Rucola, Frisée, Radicchio, Kopfsalat)

Den **Oktopus** in aufwallendes **Salzwasser** gleiten lassen, **Lorbeerblätter** und **Pfefferkörner** zufügen, 5 Minuten leise ziehen lassen, dann den Topf vom Herd nehmen und den Oktopus in der langsam nachlassenden Hitze abkühlen lassen.

Inzwischen die **Kartoffeln** in der Schale gar kochen, abgießen, nur wenig auskühlen lassen, dann pellen und dünn in eine Salatschüssel scheibeln.

Anchovisfilets und **Knoblauchzehen** sehr fein hacken, mit grob gemahlenem **Pfeffer** und **Olivenöl** mischen. **Essig** und **Kapern** unterrühren. **Zwiebel** in feine, keilartige Segmente schneiden. Zu den Kartoffeln geben und alles vorsichtig vermischen. Wenn gewünscht, jetzt auch die geschälten, entkernten und gewürfelten **Tomaten** hinzufügen. Einige Minuten ziehen lassen.

Unterdessen die **Bohnen** putzen, in Stücke schneiden, in kochendem **Salzwasser** blanchieren, dann eiskalt abschrecken. Den Oktopus in gut zentimeterlange Stücke schneiden, dabei das Maul im Zentrum der acht Beine sowie die Augen am unteren Ende des Kopfes entfernen. Mit den grünen Bohnen und den abgetropften Bohnenkernen zu den Kartoffeln geben, ebenso die **Oliven** sowie die gehackten **Kräuter,** alles vermischen und herzhaft abschmecken. Auf einem Bett von **Salatblättern** anrichten.

TIPP Bohnenkerne aus der Dose sind beliebt, weil sie so wenig Arbeit machen. Aber sie sind fast immer übergart, zu weich, lösen sich beim Umwenden im Salat auf. Deswegen ist es besser, die Bohnen selbst zu kochen. Da man nie weiß, wie lange das dauert, vorzugsweise unabhängig von einem Rezept eine gewisse Menge vorkochen und in etwas Sud abgedeckt im Kühlschrank bereithalten. Man kann sie bis zu 1 Woche aufbewahren und hat so immer schnell eine Grundlage für ein pfiffiges Gericht zur Hand.

BEILAGE Bauernbrot.

GETRÄNK Ein fruchtig-trockener Weißwein (Vermentino aus Ligurien oder Sardinien, Grillo, Catarratto, Carricante, Inzolia) oder ein Rosé.

Kartoffelsalat mit
ZWEIERLEI BOHNEN UND OKTOPUS

Salade **FRANCILLON**

Dieses Rezept wurde 1887 im gleichnamigen Theaterstück von Alexandre Dumas' Sohn in der ehrwürdigen Comédie-Française als „japanisch" vorgestellt, das heißt: höchst befremdlich. Der Autor, bekannt für seine Leidenschaft und profunden Kenntnisse der Gourmandise, verlangte teuerste Zutaten – so aromatisierte er mit einem Glas Château d'Yquem und bedeckte alles großzügig mit in Champagner gegarten Trüffeln. Wir nehmen, in Anlehnung an moderne französische Frauenzeitschriften, einfachere Zutaten, was garantiert besser mundet: Chablis und Champignons!

Zubereitungszeit: 40 Minuten

Für 2 Personen

350–400 g Salatkartoffeln
100 ml Chablis oder ein sehr trockener, mineralischer deutscher Chardonnay
1 kg frische Miesmuscheln
2 EL gutes Olivenöl
1 Selleriestange
1 Schalotte
Salz
schwarzer Pfeffer aus der Mühle
je 1 gehäufter EL gehackte Petersilie, Kerbel und (wenn vorhanden) Estragon
½ Rezeptmenge Senf-Vinaigrette (siehe Seite 238), mit Weißweinessig angemacht
250 g Champignons de Paris (braune, anisduftende Egerlinge)
1 EL Zitronensaft
einige schöne Salatblätter

Die **Kartoffeln** in der Schale gar kochen. Noch heiß schälen, in nicht zu dünne Scheiben (etwa 3 mm) schneiden, in einer Schüssel mit der Hälfte des **Weins** beträufeln und durchziehen lassen.
Inzwischen die **Muscheln** waschen und abtropfen lassen. In einem passenden Topf im **Öl** den in Scheibchen geschnittenen **Sellerie** und die fein gewürfelte **Schalotte** andünsten. Hitze hochschalten, den restlichen **Wein** angießen, **salzen** und **pfeffern.** Sowie alles sprudelnd kocht, die Muscheln zufügen und abdecken. Herausheben, wenn sie sich nach 3–5 Minuten (je nach Größe) geöffnet haben, etwas abkühlen lassen und auslösen. Mitsamt den **Kräutern** zu den Kartoffeln geben, ebenso die **Vinaigrette** und alles vorsichtig umwenden.
Den Muschelsud abseihen und auf etwa 2 EL einkochen. **Champignons** waschen, putzen, trocknen und in Scheiben hobeln oder schneiden. Mit **Zitronensaft** umwenden. Champignons und eingekochten Fond mit den Kartoffeln und Muscheln vermischen. **Salatblätter** hübsch auf einer Platte drapieren und den Salat in der Mitte elegant aufhäufen.

TIPP Leider bekommt man die aromatischen Champignons de Paris bei uns nur selten. Man muss dann auf die „normalen" weißen Champignons oder braunen Stein(pilz)champignons ausweichen, träufelt dafür zwei bis drei Tropfen – also wirklich nur einen Hauch – Pastis in den eingekochten Sud.
Wenn Sie die kleinen französischen Bouchot-Muscheln bekommen, sind diese den wesentlich größeren Nordseemuscheln vorzuziehen. In diesem Fall die Kartoffeln nur 2 mm dünn scheibeln.

BEILAGE Nach Belieben frisch aufgebackenes Baguette.
GETRÄNK Chablis, Champagner oder ein Crémant aus Burgund, dem Elsass oder von der Loire.

Der Salat noch lauwarm, mit einer ganz leichten Mayonnaise sowie einem erstklassigen Weißweinessig angemacht, dessen Säure genügend Frische verleiht. Die Briesröschen sind makellos pariert, die Panierung hauchdünn und herrlich knusprig. Alle Arbeiten sollten so angefangen und durchgeführt werden, dass die beiden Komponenten zur gleichen Zeit fertig sind: Sie müssen dann sofort und erst unmittelbar vor dem Servieren zusammen angerichtet werden, sonst geht der hübsche Gegensatz des smoothigen Salats und der crispen Briesröschen verloren!

Zubereitungszeit: 45–55 Minuten + Bries-Vorbereitung: einige Stunden Zeit für Wässern, 10 Minuten Garzeit sowie Abkühlzeit

Für 4 Personen

Briesröschen

400 g Kalbsbries
Salz
1 Lorbeerblatt
2 Thymianzweige
etwas Mehl
schwarzer Pfeffer aus der Mühle
1 Ei
etwas feine Semmelbrösel
Öl oder Butterschmalz zum Ausbacken

Salat

750 g festkochende Kartoffeln
ca. 100 ml heiße Fleischbrühe
1–2 EL Weißweinessig
Salz
1 Bund Schnittlauch
einige schöne Salatblätter (wenn vorhanden: Frisée und Batavia)

Mayonnaise

1 Eigelb
1 TL Senf
1 EL Weißweinessig
Salz
schwarzer Pfeffer aus der Mühle
ca. 100 ml bestes Olivenöl

Für die Briesröschen das **Bries** einige Stunden wässern, bis es schön hell ist. Dann mit frischem Wasser bedeckt aufsetzen, **salzen, Lorbeerblatt** und **Thymian** zufügen. Langsam aufkochen, danach auf niedrigster Hitze 10 Minuten ziehen und schließlich im Sud abkühlen lassen.

Für den Salat die **Kartoffeln** in der Schale kochen.

Unterdessen das Bries sorgsam putzen, dabei in Portionsröschen teilen, alle Häute entfernen.

Für die Mayonnaise alle **Zutaten,** die alle die gleiche Temperatur haben sollten, damit sie sich innig verbinden, mit Schneebesen, Handmixer oder Pürierstab aufschlagen.

Die Kartoffeln abgießen, etwas abkühlen lassen und pellen. In dünne Scheibchen schneiden und mit der Hälfte der Mayonnaise, einem guten Schuss **Fleischbrühe** und etwas **Essig** anmachen, dabei kräftig **salzen.** Wenigstens 15 Minuten ziehen lassen.

Inzwischen die Briesröschen im **Mehl** wenden, durch verquirltes, mit **Salz** und **Pfeffer** gewürztes **Ei** ziehen und in **Semmelbröseln** drehen. In heißem **Öl** oder **Butterschmalz** ausbacken. Auf Küchenpapier betten und hin und her schütteln, um alles überflüssige Fett zu entfernen.

Schnittlauch in feine Röllchen schneiden und zwei Drittel davon unter den Kartoffelsalat mischen. Dabei, falls dieser zu wenig saftig erscheint, noch etwas **Fleischbrühe** zufügen, **Säure** und **Salzgehalt** kontrollieren und möglicherweise ergänzen.

Kartoffelsalat auf mit **Salatblättern** dekorierten Tellern verteilen, die Briesröschen darauf anrichten, mit der restlichen Mayonnaise besprenkeln und mit den übrigen Schnittlauchröllchen bestreuen.

TIPP Der Kartoffelsalat kann auch mit einer fein geschnittenen Schalotte gewürzt und mit gemischten Kräutern (Estragon, Kerbel und/oder Borretsch) aromatisiert werden.

BEILAGE Eventuell etwas frisch aufgebackenes Baguette.
GETRÄNK Ein kräftiger Weißburgunder oder Chardonnay, gern aus dem Barrique (zum Beispiel Meursault).

GEBACKENES KALBSBRIES
auf Kartoffelsalat

Kartoffelsalat MIT BLUTWURST UND ÄPFELN

Man braucht eine gute Blutwurst für dieses Gericht, das versteht sich, entweder leicht angeräuchert, natürlich im Naturdarm mit Speckstückchen drin, oder auch eine ordentliche Dosenwurst, vielleicht sogar aus einer Hausschlachtung.

Zubereitungszeit: 40 Minuten

Für 4 Personen

750 g festkochende Kartoffeln
½ kleiner Rotkohlkopf (ca. 200 g)
1 mittelgroße Zwiebel
100 g Feldsalat
2 saftige Äpfel (z. B. Elstar, Schweizer Glockenapfel oder Gravensteiner)
etwas Zitronensaft
250 g Blutwurst
einige Stengel Zitronenthymian oder Majoran
Salz
schwarzer Pfeffer aus der Mühle
3 EL Apfelessig
4 EL Fleischbrühe
2 EL Sonnenblumen- oder Distelöl
1 EL Walnuss- oder Haselnussöl

Die **Kartoffeln** in der Schale gar kochen. Inzwischen den **Rotkohl** auf dem Kraut- oder Gurkenhobel in feinste Streifen, die **Zwiebel** in Ringe schneiden. Den **Feldsalat** putzen, gründlich waschen und abtropfen lassen. Die **Äpfel** vierteln, vom Kerngehäuse befreien, schälen und quer in Scheibchen hobeln, in **Zitronensaft** wenden, damit sie hell bleiben.

Blutwurst in dünne Scheiben schneiden, je nach Durchmesser halbieren oder sogar in zweifingerbreite Streifen schneiden. **Kräuterblättchen** von den Stengeln zupfen und bereitstellen.

Aus **Salz, Pfeffer, Essig,** warmer **Brühe** (in der Mikrowelle 10 Sekunden) und den **Ölen** eine cremige Marinade schlagen.

Die Kartoffeln abgießen, handwarm werden lassen, pellen und in die Salatschüssel scheibeln. Die Rädle dürfen etwas dicker sein, etwa 3 mm, auch nicht ganz regelmäßig geschnitten. Mit der Marinade übergießen und vorsichtig umwenden. Ein paar Minuten ziehen lassen. Rotkohl, Zwiebeln, Feldsalat und Apfelschnitze sowie Blutwurst und Kräuterblättchen unter die Kartoffeln mischen und den Salat sofort servieren.

TIPP Rotkohl ist roh äußerst gesund und voller Vitamine, für manche aber nicht ganz leicht zu verdauen. Er wird geschmeidiger und behält dennoch seine frische Knackigkeit, wenn man ihn nach dem Hobeln mit etwas Salz bestreut, einige Minuten ziehen lässt und dann mit den Händen tüchtig durchknetet. Dadurch werden die Zellen aufgebrochen und die Kohlstreifen sind in ihrer Konsistenz nicht mehr so sperrig. Kurz abbrausen, um überschüssiges Salz zu entfernen, und unter den Salat mischen.

Wer den Salat, zum Beispiel für eine Party, schon ein paar Stunden vor dem Essen zubereiten will, was ihm nicht abträglich ist, fügt die Feldsalatrosetten und Kräuter erst unmittelbar vor dem Auftragen hinzu – sie bleiben sonst nicht knackig, sondern werden lasch und fallen zusammen.

BEILAGE Eventuell etwas Bauernbrot.
GETRÄNK Apfelwein oder ein blumiger, natürlich trockener Weißburgunder.

Festkochende Kartoffeln vom Vortag, in Scheiben geschnitten und mit rohen Artischockenscheibchen gebraten: Mit gekochter Hühnerbrust und Tomaten sowie einer herzhaften Vinaigrette wird daraus ein ebenso herzhaftes wie exquisites Hauptgericht beziehungsweise eine appetitanregende Vorspeise für 6–8 Personen.

Zubereitungszeit: gut 30 Minuten + Kochzeit der Kartoffeln am Vortag

Für 4 Personen

750 g in der Schale gekochte Kartoffeln vom Vortag
2 mittelgroße lila Artischocken
Saft von 1 Zitrone
3 EL Olivenöl
Salz
2 kalte gebratene Hühnerbrüste
2 große, gerippte, nicht zu reife, möglichst noch etwas grüne Fleischtomaten
1 Bund Basilikum
schwarzer Pfeffer aus der Mühle
2–3 EL Rotweinessig
2 EL Walnussöl

Kartoffeln pellen und in 3–4 mm dünne Scheiben schneiden. **Artischocken** roh putzen – die Blattspitzen in der Mitte der Knospe quer abschneiden und rundum alle Blattansätze abschälen, bis keine harten Fasern mehr zu spüren sind; auch Boden und Stielansatz schälen; das möglicherweise vorhandene Heu aus der Mitte mit einem kleinen, scharfkantigen Löffel herausschaben. Die Herzen mit **Zitronensaft** abreiben, dann längs in dünne Scheiben (wie eine Gurke) hobeln und mit **Zitronensaft** umwenden, damit sie nicht dunkel anlaufen. Auf Küchenpapier abtropfen lassen und wieder trocken tupfen.
Das **Olivenöl** in einer beschichteten Pfanne erhitzen, Kartoffeln und Artischocken darin zusammen langsam golden und knusprig braten, dabei **salzen.** Oft wenden. Nach dem Braten auf Küchenpapier verteilen und etwas abkühlen lassen.
Die **Hühnerbrüste** und halbierte, vom harten Stielansatz befreite **Tomaten** in Scheiben schneiden. **Basilikumblätter** in breite Streifen schneiden.
Alle vorbereiteten Zutaten in eine Salatschüssel geben, **pfeffern,** mit **Rotweinessig** besprenkeln (oder aus einer Sprühflasche besprühen) und mit **Walnussöl** umwenden. Abschmecken und sofort servieren.

VARIANTE Etwas rohen, luftgetrockneten, in schmale Streifen geschnittenen Schinken mitbraten. Und statt Tomaten Würfel von Honig- oder Cavaillon-Melone untermischen, dann das Dressing mit 2 EL Mayonnaise anreichern.

TIPP Man kann natürlich mit Kartoffeln und Artischocken auch Zwiebeln und/oder Knoblauch mitbraten. Die Tomaten dürfen nicht zu reif sein, weil – besonders bei den wohlschmeckendsten, den italienischen gerippten Fleischtomaten – das Fruchtfleisch sonst etwas mehlig wird und an seiner erfrischenden Saftigkeit verliert. Die Tomaten nach Gusto häuten!

BEILAGE Frisch aufgebackenes Ciabatta-Brot.
GETRÄNK Ein fruchtiger Rotwein, etwa junger Chianti (Toskana), Bardolino oder Valpolicella (Venetien), Dolcetto (Piemont) oder auch St. Magdalener (Südtirol) beziehungsweise ein guter, frisch und herzhaft ausgebauter, württembergischer Trollinger.

Gebratener Kartoffelsalat MIT ARTISCHOCKEN UND HÜHNERBRUST

Kartoffelsalat
MIT BIRNEN, BOHNEN UND SPECK

Natürlich ist das eine Anspielung auf den typischen Hamburger Eintopf – und hat sich quasi zwangsläufig durch ein besonderes Zusammentreffen von Zutaten ergeben: Gleichzeitig mit den ersten Buschbohnen wurden unsere noch nicht ganz reifen Geißhirtle – eine frühe, kleine, typisch schwäbische Birnensorte – von hungrigen Vögeln angepickt. Zum Rohessen waren sie noch etwas hart, also dachten wir ans Kochen. Auf einen schweren, herbstlichen Eintopf hatten wir keine Lust. Aber auf Kartoffelsalat! Flugs wurde ein Rezept entworfen und ausgeführt – es gefiel uns auf Anhieb!

Zubereitungszeit: 40 Minuten

Für 4–6 Personen

400 g festkochende Kartoffeln
250 g zarte grüne Bohnen oder Bobbybohnen
Salz
3–5 Zweiglein Bohnenkraut
250 g feste Birnen (z. B. Geißhirtle oder Sommerbergamotten)
Saft von ½ Zitrone
150 g junger, durchwachsener, zart geräucherter Bauchspeck
1 EL Olivenöl
schwarzer Pfeffer aus der Mühle
1 großes Bund Petersilie
1 Rezeptmenge Senf-Vinaigrette (siehe Seite 238), zubereitet mit Birnen- oder Apfelessig

Kartoffeln in der Schale gar kochen, abgießen und etwas abkühlen lassen. Unterdessen die **Bohnen** putzen, entspitzen, falls nötig fädeln und halbieren oder in 4–5 cm lange Stücke schneiden. In sprudelnd kochendem **Salzwasser** (mindestens 30 g Salz auf 1,5 l Wasser) mit der Hälfte des **Bohnenkrauts** 4–6 Minuten bissfest kochen, abgießen, in möglichst eiskaltem Wasser abschrecken und anschließend gut abtropfen lassen.

Birnen schälen, vierteln, Kerngehäuse ausschneiden und die Viertel noch einmal längs halbieren. Alle Stücke mit **Zitronensaft** umwenden, damit sie nicht anlaufen.

Speck in kleine, etwa 3 mm große Würfelchen schneiden. Im heißen **Olivenöl** nur ganz kurz bräunen – sie sollen gerade eben knusprig sein, dürfen aber auf keinen Fall hart werden.

Die etwas abgekühlten Kartoffeln pellen und in Scheiben schneiden, die ausnahmsweise nicht gleichmäßig dick sein müssen, sondern einen leicht keilförmigen Querschnitt haben dürfen – also die Scheiben auf der einen Seite fast spitz, auf der anderen etwa 3 mm dick. Alle vorbereiteten Zutaten in eine Salatschüssel geben, großzügig **pfeffern. Petersilie** und restliches **Bohnenkraut** fein hacken und darüberstreuen. Mit der **Vinaigrette** übergießen, umwenden und noch gerade eben lauwarm servieren.

TIPP Auch gut mit einer Vinaigrette mit weniger, aber sehr scharfem Senf und Zitronensaft sowie der abgeriebenen Schale von ½ Biozitrone.

BEILAGE Knuspriges Weiß- oder Mischbrot.
GETRÄNK Birnen- oder Apfelwein (Cidre), aber auch ein milder Weißburgunder oder Ruländer.

Klingt etwas ungewöhnlich und mag vielleicht an unserer kulinarischen Fantasie zweifeln lassen, schmeckt aber ausgezeichnet – allerdings dürfen die Würstchen keine Schwächen haben und kein ordinäres Billigangebot sein, sondern müssen von makelloser Qualität, also von einem erstklassigen Metzger stammen. Wir haben das Glück, einen solchen in der Nähe zu haben – unser Metzger Thomma in Horb am Neckar macht die besten Saitenwürschtle, die wir kennen.

Zubereitungszeit: 20 Minuten + Kochzeit der Bohnen (Vortag) und Kartoffeln

Für 4 Personen

500 g festkochende Kartoffeln
500 g grüner Spargel
Salz
Salatherz oder ½ Frisée-Salat
250 g gekochte weiße Bohnen oder Linsen (z. B. vom Vortag)
8 Frankfurter, Wiener oder Saitenwürstchen
weißer Pfeffer aus der Mühle
2 EL Zitronensaft
2 EL Balsamico-Essig
4 EL gutes Olivenöl

Kartoffeln in der Schale kochen, abgießen und etwas abkühlen, aber noch nicht vollkommen abbinden lassen – sodass zwar die Form der Scheiben beim späteren Umwenden weitgehend erhalten bleibt, die Sauce später aber dennoch eine gewisse Sämigkeit bekommt. Pellen und in dünne Scheiben schneiden.

Spargelenden schälen, die Stangen in schräge Abschnitte von etwa 2 cm Länge schneiden und in **Salzwasser** knackig kochen. Herausheben und eiskalt abschrecken. Etwas Spargelkochwasser über die Kartoffeln träufeln, damit sie saftig werden.

Salatherz oder **Frisée** putzen, waschen und in mundgerechte Stücke zerteilen. **Bohnen** oder **Linsen** nicht kühlschrankkalt verwenden, sondern neben dem Herd oder in der Mikrowelle lauwarm werden lassen. **Würstchen** in heißem Wasser leicht erwärmen, schräg in 5 mm dicke Scheibchen schneiden.

Alle Zutaten in einer Salatschüssel versammeln, mit **Salz** bestreuen, **pfeffern** und mit **Zitronensaft** und **Balsamico-Essig** beträufeln. Umwenden und erst, wenn sich das Salz aufgelöst hat, das **Öl** hinzufügen und untermischen.

Abschmecken, eventuell für die Geschmeidigkeit noch etwas Spargelwasser zufügen und nachwürzen.

TIPP Den Salat nach Belieben mit Chili schärfen, mit Knoblauch, Knoblauch-Schnittlauch (chinesischer Schnittlauch), Bärlauch, Schnittlauch oder Zwiebel aromatisieren. Oder mit Kapern und Sardellen würzen.

BEILAGE Gutes Sauerteig-Mischbrot, mit langsamer Gärführung hergestellt, mit großen Löchern und knuspriger Kruste. Wir stellen auch stets Senf und eine würzige Chilisauce (Sriracha ohne Glutamat) dazu bereit, worein man Gabelbissen oder Brot zur Nachwürzung tunken kann.

GETRÄNK Ein nicht zu säurereicher, voller Weißwein – etwa Malvasia, Friulano oder Pinot Grigio aus dem Friaul.

Kartoffelsalat
MIT SPARGEL UND WÜRSTCHEN

Kartoffelsalat **MIT METT**

Zerdrückter Kartoffelsalat **MIT SÜLZE**

KARTOFFELSALAT MIT METT

Während die Kartoffeln kochen, sind die anderen Zutaten rasch hergerichtet. So steht im Handumdrehen ein kleines Essen auf dem Tisch.

Zubereitungszeit: 30 Minuten

Für 2 Personen

250 g möglichst kleine, festkochende Kartoffeln
150 g Schweinemett
1 weiße oder rosa Zwiebel
einige Liebstöckelblätter
etwas glatte Petersilienblätter
Salz
schwarzer Pfeffer aus der Mühle
1 EL kleine Kapern
2 EL milder Essig
2–3 EL Olivenöl

Die **Kartoffeln** in der Schale gar kochen und pellen. Inzwischen das **Schweinemett** mit den Fingern zerpflücken. **Zwiebel** fein würfeln. **Kräuter** fein hacken. Alles in einer Schüssel mischen, **salzen, pfeffern, Kapern, Essig** und **Öl** zufügen und sorgsam umwenden. Wer mag, kann die Kartoffeln auf dem Teller mit der Gabel grob zerdrücken.

ZERDRÜCKTER KARTOFFELSALAT MIT SÜLZE

Nehmen Sie hierfür vorwiegend festkochende Kartoffeln, die sich besser als Salatkartoffeln zerdrücken lassen. Sie müssen frisch gekocht, also noch heiß sein.

Zubereitungszeit: 10 Minuten + Kochzeit der Kartoffeln

Für 2 Personen

250 g vorwiegend festkochende Kartoffeln
2 EL Zitronensaft
4 Frühlingszwiebeln mit Grün
Salz
2 EL Chilisauce
1 gute Msp. Szechuanpfeffer
100 g Rindfleischsülze am Stück

Kartoffeln in der Schale kochen, pellen und sofort mit **Zitronensaft,** klein geschnittenen **Frühlingszwiebeln, Salz, Chilisauce** und im Mörser zerstoßenem **Szechuanpfeffer** anmachen. Dabei die Kartoffeln mit einer Gabel oder dem Stampfer grob zerdrücken. Die **Sülze** würfeln, rasch untermischen, damit der warme Salat die Sülze sanft anschmelzen kann, und sofort servieren.

TIPP Durch das Erwärmen wird die vorhandene Würze der Sülze aktiviert. Wenn sie nicht ausreichend erscheint, kann man zusätzlich mit Cornichons und frischen Kräutern Akzente setzen.

BEILAGE Geröstetes Grau- oder Bauernbrot.
GETRÄNK Ein Pils, ein leichter Weißwein, etwa ein Silvaner aus Franken oder ein geschmeidiger Roter (Vernatsch aus Südtirol, Trollinger aus Württemberg oder Zweigelt aus Österreich).

Kartoffeln spielen in der chinesischen Küche eine untergeordnete Rolle. Und da die Chinesen obendrein für europäische Salatideen nicht unbedingt zu begeistern sind, hat man sich dazu noch nicht viele Gedanken gemacht. Wir sind sicher, dieser Salat würde auch in China viele Liebhaber finden! Wir nehmen dafür vorwiegend festkochende Kartoffeln, die möglichst groß sein sollten. Sie eignen sich am besten, wenn sie in sandigen Böden gediehen sind – dann sind sie leicht mehlig, die Würfel nehmen ausreichend Flüssigkeit auf und verlieren beim Umwenden ihre Kanten, sodass sie fast rundlich werden und die Sauce cremig binden.

Zubereitungszeit: 40 Minuten

Für 4–6 Personen

500 g vorwiegend festkochende Kartoffeln
200 ml Hühner-, Rinder- oder Gemüsebrühe
2 große Knoblauchzehen
ca. 2-cm-Stück Ingwer
1 große Zwiebel
1 Möhre
1 rote Paprikaschote
je 1–2 frische, kleine, rote und grüne Chilischoten
2 EL Erdnussöl
1 EL Sesamöl
500 g Hackfleisch (siehe Tipp)
2 EL helle Sojasauce
2 EL Reiswein oder Sherry
1 TL Zucker
Salz
schwarzer Pfeffer aus der Mühle
½ TL Fünf-Gewürze-Pulver
2 Frühlingszwiebeln
Saft von 2–3 Limetten
1 großes Bund Koriandergrün

Die **Kartoffeln** in der Schale kochen, etwas abkühlen lassen, dann pellen und in etwa 1,5–2 cm große Würfel schneiden. Diese mit der Hälfte der heißen **Brühe** benetzen und ziehen lassen, dabei immer mal wieder vorsichtig umwenden.

Unterdessen **Knoblauch, Ingwer** und **Zwiebel** fein hacken. Die **Möhre** in 5 mm große Würfel schneiden. **Paprika** ebenfalls 5 mm groß würfeln, die entkernten **Chilischoten** winzig klein hacken.

Beide **Ölsorten** im Wok oder in der Pfanne erhitzen, zuerst Knoblauch, Ingwer und Zwiebenl darin rasch unter Rühren anbraten, dann Möhren und zum Schluss Paprika und Chili zufügen. Wenn alles von einem Ölfilm überzogen ist, das **Fleisch** in den Wok geben und so lange unter Rühren und Zerdrücken braten, bis es krümelig geworden ist.

Mit **Sojasauce, Reiswein** oder **Sherry, Zucker,** restlicher **Brühe** und **Gewürzen** versehen. Einmal aufkochen, dann vom Herd nehmen. Zum Schluss die fein geschnittenen **Frühlingszwiebeln** und den **Limettensaft** unterrühren.

Alles mit den Kartoffelwürfeln mischen. Verschwenderisch mit **Korianderblättern** bestreut noch lauwarm zu Tisch bringen.

TIPP Ob Sie reines Rinderhack, reines Schweinehack oder eine Mischung von beidem nehmen, ist Ihrem persönlichen Geschmack überlassen. In China zieht man Schwein vor, die meisten Deutschen entscheiden sich eher für Rind, wir lieben die Mischung halb und halb.

BEILAGE Keine.
GETRÄNK Grüner Tee oder Bier.

Chinesischer Kartoffelsalat
MIT HACKFLEISCH

Heißer Kartoffelsalat

MIT AIOLI UND OKTOPUS ODER STOCKFISCH

Eine provenzalische Kreation, die in ähnlicher Form überall im Mittelmeerraum zu finden ist: Festkochende Kartöffelchen werden noch heiß gepellt, nur geviertelt und mit Knoblauchmayonnaise, Oktopus oder gewässertem und gekochtem Stockfisch sowie verschiedenen Gemüsezutaten angemacht.

Zubereitungszeit: 40 Minuten + evtl. Wässern des Stockfischs

Für 4 Personen

750 g junge Kartöffelchen
Salz
1 Bund Basilikum
500 g möglichst kleine Oktopusse (z. B. Moscardini) oder Stockfisch
1 Rezeptmenge Aioli (siehe Seite 244)

Sud

½ Flasche (375 ml) trockener Weißwein
1 Möhre
1 Stück Lauchstange
1 Stück Sellerie oder 1 Selleriestange
2 Lorbeerblätter
½ Biozitrone
Salz
je 1 EL Pfeffer- und Korianderkörner

Kartoffeln in der Schale in **Salzwasser** kochen. Noch heiß abgießen, pellen und vierteln. In eine Salatschüssel geben.
Während die Kartoffeln kochen, den Sud aufsetzen: 500 ml Wasser und **Wein** erhitzen. **Möhre, Lauch** und **Sellerie** klein schneiden, mit **Lorbeer, Zitrone, Salz, Pfeffer-** und **Korianderkörnern** hinzugeben und etwa 15 Minuten kochen lassen. Die **Basilikumblätter** abzupfen und die Stiele zufügen.
Oktopusse (frische nur gewaschen, tiefgekühlte aufgetaut) im leise siedenden Sud etwa 10 Minuten (siehe Tipp) gar ziehen lassen. Oder den 2 Tage in häufig gewechseltem Wasser eingeweichten **Stockfisch** einlegen – der braucht allerdings etwas länger.
Oktopusse oder Stockfisch herausheben, abtropfen lassen, in mundgerechte Stücke zerteilen und mit den heißen Kartoffeln mischen, dabei auch die **Aioli** zufügen. Sorgsam umwenden und vorzugsweise gleich in tiefen Tellern anrichten. Eventuell mit etwas Kochsud vom Oktopus den Salat noch saftiger machen. Mit Basilikumblättern (ganz oder in Streifen geschnitten) bestreuen und sofort servieren!

TIPP Versuchen Sie, hierfür den besonders würzigen, aber nicht aufdringlichen violetten Knoblauch aus Frankreich zu bekommen!
Die kleinsten Oktopusse, auch Moscardini genannt, sind in 1–2 Minuten gar, solche mit 50–100 g Gewicht brauchen knapp 5 Minuten, mehr als 200 g pro Stück sollten sie jedoch nicht wiegen. Ebenso kann man mit Calamaretti oder kleinen Sepie verfahren, die allerdings in wenigen Sekunden gar sind.
Der Stockfisch muss ganz weiß sein, ohne gelbliche Ränder. Oder frischen Kabeljau verwenden.
Sehr gut: Kleine grüne, nur kurz blanchierte Böhnchen und/oder ½ rote Paprika in Streifen zufügen.

BEILAGE Dazu warmes Baguette reichen, denn die Kartoffeln nehmen längst nicht alles von der Aioli (und dem Sud) auf, sodass ein Auswischen der Teller großes Vergnügen bereitet.
GETRÄNK Ein duftiger, trockener Wein aus der Provence – das kann Weißwein (aus Cassis) oder Rosé (aus dem Var) oder auch kühl servierter Rotwein (aus Bandol) sein, ganz nach persönlichem Geschmack.

Hierfür kann man speckige Salatkartoffeln, aber ebensogut auch vorwiegend festkochende Sorten wie Grata, Quarta, Hela, Grandifolia oder Granola nehmen. Da man sie über Nacht stehen lässt, bleiben die Scheiben bestens in Form. Die kräftige Marinade geben wir ausnahmsweise auf die kalten Kartoffelscheiben, lassen sie dafür aber lange einwirken, sodass die Scheiben trotzdem ein wenig davon aufnehmen. Nur die Garnelen selbst und die Kräuter dürfen nicht mitziehen, sie werden erst zum Schluss zugefügt, damit ihre Frische erhalten bleibt.

Zubereitungszeit: 25–30 Minuten + Kochzeit der Kartoffeln am Vortag und mind. 2 Stunden Marinierzeit

Für 4 Personen

500 g schon am Vortag in der Schale gekochte Kartoffeln
250 g frische oder TK-Garnelen (siehe Anmerkung)
1 EL Speisestärke
1 EL Fischsauce
1 EL geschmacksneutrales Öl
Salz
2 Handvoll frische Kräuter (siehe Tipp)
Salatblätter zum Anrichten (nach Belieben)

Marinade

3 große Knoblauchzehen
ca. 4-cm-Stück junger oder geschälter Ingwer
1 rote Chilischote
3 violette Schalotten oder 1 mittelgroße rosa Zwiebel
1 Kaffirlimettenblatt (wenn vorhanden)
1 EL Fischsauce
2 TL Sojasauce
3 EL Limettensaft
1 TL asiatisches Sesamöl
2 EL geschmacksneutrales Öl

Kartoffeln pellen und in möglichst dünne Scheibchen schneiden. Für die Marinade **Knoblauchzehen, Ingwer** und **Chilischote** fein würfeln, **Schalotten** oder **Zwiebel** in Scheiben, **Limettenblatt** in haarfeine Streifchen schneiden. Mit den flüssigen **Zutaten** verrühren und über die Kartoffeln gießen. Vorsichtig umwenden und mindestens 2 Stunden bei Zimmertemperatur marinieren, dabei ab und zu umwenden.

Unmittelbar vor dem Servieren die **Garnelen** zubereiten: Frische blanchieren und schälen, tiefgekühlte mit kochendem Wasser überbrühen und 1 Minute ziehen lassen, dann in eiskaltem Wasser abschrecken. Garnelen trocken tupfen, **Speisestärke** und **Fischsauce** einmassieren. Im Wok oder in einer beschichteten Pfanne in wenig **Öl** rasch rundum anbraten, dabei **salzen.**

Unterdessen die **Kräuter** nicht zu fein hacken und mit den heißen Garnelen zu den Kartoffeln geben. Umwenden und den Salat sofort servieren – nach Belieben auf **Salatblättern.**

ANMERKUNG Da die Garnelen aus Übersee – vor allem aus Pakistan, Indonesien und Chile – wegen der wenig umweltverträglichen und mit Antibiotika belasteten Produktion sowie dem schlechten ökologischen Fußabdruck in Verruf geraten sind, ist die Nachfrage nach einwandfreier Ware stark gestiegen. Inzwischen gibt es schon eine ganze Reihe von Züchtern in Deutschland, die in geschlossenen Kreisläufen mit aufwendiger Technologie hervorragende Ergebnisse erzielen. Die hiesigen Garnelen sind zwar teurer, aber unbedenklich und werden über Nacht geliefert. Freilich gibt es auch sehr gute Tiefkühlprodukte, die bereits küchenfertig vorbereitet sind und weniger kosten, allerdings auch deutlich mehr als zweifelhafte Billigware.

BEILAGE Eventuell knuspriges Brot oder Brötchen.

GETRÄNK Ein trockener, aber an exotische Früchte erinnernder Weißburgunder, eine trockene Scheurebe, Sauvignon Blanc oder Muskateller, nach Belieben auch ein Riesling von der Mosel – es kann dann sogar ein feinfruchtiger, nicht ganz trockener Kabinett sein.

Kartoffelsalat
MIT INGWER UND GARNELEN

Lauwarmer Kartoffelsalat MIT SEEHECHT

Der Seehecht gilt in Deutschland nicht gerade als ein Edelfisch, dabei ist er umwerfend wohlschmeckend, sein weißes Fleisch ist zart, lässt sich leicht von der Gräte lösen und schmeckt rein und sauber nach Meer – die Spanier wissen das, der Merluza ist ihr bevorzugter Atlantikfisch. Auch im ganzen Mittelmeerraum wird er hoch geschätzt. Besonders, wenn er jung, nur etwa 20–30 Zentimeter lang und schlank wie ein Aal (in Italien heißt er dann Nasello) ist. Aber auch als ausgewachsener, armlanger und -dicker Merluzzo liefert er feinstes, bestes Fleisch. Er ist problemlos und rasch zubereitet: Einfach kurz in Salzwasser oder als großen Fisch für eine größere Runde im Ofen gar ziehen lassen. Von den Gräten gepflückt, kommt das Fleisch dann in diesen herrlichen Salat aus mehligen Kartoffeln.

Zubereitungszeit: 45 Minuten

Für 4 Personen

800 g mehligkochende Kartoffeln
1 Zwiebel
Salz
2 Lorbeerblätter
1 Bund glatte Petersilie
1 große, saftige Biozitrone
2 küchenfertige kleine Seehechte (à 200–300 g)
evtl. 1–2 rote oder grüne Chilischoten (nach Gusto und Schärfe)
schwarzer Pfeffer aus der Mühle
3 EL Olivenöl (möglichst ein mildes, etwa aus Ligurien, ganz großartig, wenn man ein frisch gepresstes hat)
Salatblätter zum Anrichten

Die **Kartoffeln** in der Schale gar kochen. Inzwischen für den Fischsud die äußeren **Zwiebelschalen** in einen Topf mit Wasser geben; er sollte so breit sein, dass die beiden Fische eben hineinpassen, und so viel Wasser enthalten, dass sie davon bedeckt sind. Falls dabei der Kopf im Weg ist, kann man diesen abtrennen und danebenlegen. **Salzen** (auf 1 l Wasser etwa 30 g (!) rechnen), **Lorbeerblätter** und die **Petersilienstiele** (Blätter zurückbehalten) zufügen. Auch ein gutes Stück **Zitronenschale** dazulegen. Etwa 10 Minuten köcheln lassen, damit der Sud Geschmack annimmt. Die **Fische** einlegen, die Hitze herunterschalten und abgedeckt etwa 6–7 Minuten gar ziehen lassen.

In der Zwischenzeit Zwiebel, **Petersilienblätter** und entkernte **Chili(s)** sehr fein hacken. Hier sollte man mit der Schärfe spielen – man kann die großen milden Chilis mit einer kleinen scharfen Schote mischen. Sie sorgen nicht nur für Geschmack, sondern auch für Farbe. Etwas Zitronenschale dazureiben, die Zitrone auspressen und den Saft zufügen.

Die inzwischen gar gekochten Kartoffeln abgießen, pellen, grob würfeln und untermischen. Mit einem guten Schuss Fischsud anfeuchten, das **Salz** überprüfen und **pfeffern.**

Die Fische schließlich entgräten, in Stücke zerpflücken und vorsichtig unter den Salat heben, jetzt erst das **Öl** zufügen und, wenn nötig, noch mehr Fischsud, damit der Salat schön saftig ist. Auf **Salatblättern** anrichten.

TIPP Mit anderen, zur Dorsch-Familie zählenden Fischen kann man dieses Gericht natürlich variieren: Kabeljau, Schellfisch, Köhler und Pollack.

BEILAGE Frisches Weißbrot, Ciabatta oder Baguette.
GETRÄNK Ein kräftiger Weißwein aus Italien (Pigato, Vermentino oder Trebbiano d'Abruzzo) oder Spanien (Rueda).

Wie gut Kartoffeln mit einer Thai-Vinaigrette zum Salat werden, haben wir ja schon beschrieben (siehe Seite 91). Calamari passen dazu vorzüglich und erheben ihn zu einem vollständigen Gericht. Sie müssen übrigens keineswegs gummiartig sein, wie man sie leider häufig auf dem Teller hat, weil sie zu lange und zu heftig gekocht wurden: Bereits nach 1 knappen Minute sind sie gar und dann zart und köstlich. Das haben wir in Thailand gelernt.

Zubereitungszeit: 30–35 Minuten

Für 2–4 Personen

400 g festkochende Kartoffeln
1 Rezeptmenge Thai-Vinaigrette (siehe Seite 241)
je ½ gelbe und rote Spitzpaprika
2 Frühlingszwiebeln
500 g Calamari (Tintenfische, möglichst nicht größer als 12 cm)
Salz
1 Handvoll Koriandergrün und Thai-Basilikum
schwarzer Pfeffer aus der Mühle

Die **Kartoffeln** in der Schale gar kochen. In der Zwischenzeit die **Vinaigrette** mixen. **Paprika** quer in feine Streifen schneiden. **Frühlingszwiebeln** in Scheibchen oder Ringe: das Weiße 2 mm breit, das Grüne etwas breiter.
Die **Calamari** waschen, dabei ihre dünne lila Haut abziehen. Die Tentakel packen und vorsichtig rausziehen. Augen und Maul abschneiden, das Innere gründlich ausspülen. Tentakel in zwei, drei Teile zerlegen. Die Körpertuben quer in etwa 3 mm breite Ringe schneiden. Tentakel und Tuben in gut **gesalzenem,** aufrauschendem Wasser 1 knappe Minute blanchieren, abgießen und in einem Sieb gut abtropfen. Mit der Hälfte der Thai-Vinaigrette marinieren. Die **Kräuterblätter** abzupfen und grob hacken. Kartoffeln abgießen, pellen, in Scheiben schneiden und mit der restlichen Thai-Vinaigrette anmachen. Mit den Calamari mischen, dabei die Kräuter hinzufügen. Mit **Pfeffer** übermahlen.

TIPP Wie in China kommen in Thailand stets mindestens so viele Gerichte auf den Tisch, wie an der Tafel sitzen, für zwei Personen auch mindestens drei, besser vier. Deshalb die unterschiedliche Personenangabe, je nachdem, ob noch weitere Gerichte das Essen vervollständigen.

BEILAGE Knuspriges Krupuk – die hübschen Cracker, die man selbst machen kann: Die Krabbenchips aus dem Asia-Regal muss man nur kurz in siedendem Öl backen.
GETRÄNK Grüner Tee, Eiswasser, ein Kölsch oder ein Pils. Bevorzugt man Wein, bietet sich Riesling oder Sauvignon Blanc an.

Kartoffelsalat
MIT CALAMARI UND THAI-VINAIGRETTE

Kartoffelsalat MIT HARZER ROLLER

Der aus entrahmter Sauermilch hergestellte Käse zählt, wie auch der sehr ähnliche Mainzer Handkäs, zu den fettärmsten aller Käsesorten. Gepaart mit jungen, festkochenden, am Vortag gekochten Kartoffeln, viel Zwiebeln und Kräutern, ist er eine äußerst schmackhafte Fastenspeise, zu deren Gelingen auch keine ölige Salatsauce vonnöten ist. Trinkt man dazu ein Glas (0,1 l) trockenen Weißwein, bleibt das kalorienneutral. Und verzichtet man auf Begleitung durch Brot, kann man auf höchst angenehme Weise sein Gewicht reduzieren.

Zubereitungszeit: 15 Minuten + Kochzeit der Kartoffeln

Für 4 Personen

800 g in der Schale gekochte junge Salatkartoffeln (evtl. am Vortag gekocht)
1 Tasse heiße Gemüsebrühe
1 große oder 2 mittlere Zwiebeln (vorzugsweise blaue)
1–2 große Knoblauchzehen (nach Belieben)
2 milde Chilischoten (z. B. Jalapeño)
1 großes Bündel gemischte Kräuter (siehe Anmerkung)
1 Rezeptmenge Senf-Vinaigrette (siehe Seite 238) mit Apfelessig und zusätzlich 1 EL Apfel-Balsam oder Balsamico-Essig
1–2 EL Kümmelsamen und/oder 2 EL Kümmelkorn
200 g Harzer Roller (oder auch bis 400 g)

Kartoffeln schälen und in Scheiben von 3–4 mm Stärke schneiden. Mit etwas **Brühe** begießen, wenn sie frisch gekocht wurden, mit der ganzen Brühe, wenn sie vom Vortag sind. Immer wieder umwenden und versuchen, dass die Kartoffeln alle Flüssigkeit aufnehmen. Eventuell kurz in die Mikrowelle stellen, um das zu beschleunigen.
Die **Zwiebel(n)** halbieren und in Halbringe schneiden oder hobeln. **Knoblauchzehe(n),** entkernte **Chilis** und die **Kräuterblätter** klein schneiden. **Vinaigrette** zubereiten – wer abnehmen will, kann das Öl auf 1 EL begrenzen – und mit dem **Kümmel** (mit Samen und/oder Schnaps) würzen. **Käse** in Scheiben schneiden.
Alle Zutaten energisch miteinander vermischen und den Salat nun nicht mehr lange stehen lassen.

TIPP Gekochte Kartoffeln sollte man nicht im Kühlschrank aufbewahren, sondern bis zum nächsten oder übernächsten Tag offen in der Küche liegen lassen – allerdings nur, wenn die Schale intakt ist. Hat sie Risse und sind die Kartoffeln aufgebrochen, abgedeckt nur 1 Tag aufbewahren.

ANMERKUNG Ideal sind die großen Kräuterbündel, die in der Frankfurter Kleinmarkthalle für Frankfurter Grie' Soß, die berühmte Grüne Sauce, angeboten werden – genau sieben Stück, freilich je nach Jahreszeit etwas anders zusammengesetzt: Liebstöckel, Pimpinelle, Borretsch, Petersilie, Schnittlauch, Kerbel, Sauerampfer. Manchmal kommt Dill hinzu (der ist aber sehr dominant), manchmal Brunnenkresse. Man kann sie sich sogar zuschicken lassen (übers Internet bestellen).

BEILAGE Dunkles Vollkornbrot (eventuell mit Butter).
GETRÄNK Weißwein (siehe Einführung) – Riesling oder Silvaner. Oder Bier.

Normalerweise, mögen Sie einwenden, wird man das ja doch wohl getrennt servieren – kann man machen, muss man aber nicht: Wir richten die beiden Komponenten getrennt an, aber so, dass sie doch eine Einheit bilden. Das Ganze wird am Tisch flambiert und macht dann gewiss großen Eindruck. Wir haben das mehrfach variiert und nicht nur als Hauptgericht, sondern sozusagen als Käsedessert für eine große Tafelrunde aufgetischt.

Zubereitungszeit: 15 Minuten + Koch- und Abkühlzeit der Kartoffeln

Für 4 Personen

- 750 g kleine, vorwiegend festkochende Kartoffeln
- ½ Tasse heiße Fleisch- oder Gemüsebrühe
- 1 Rezeptmenge Senf-Vinaigrette (siehe Seite 238) mit Apfel-Essig und halb Sonnenblumen-, halb Walnussöl
- 1 mittelgroße rote Zwiebel
- 1 Bund Petersilie
- 1–2 EL Kümmelsamen
- 1 mittelgroßer Munsterkäse aus Rohmilch oder Munster-Géromé von 450–600 g
- 12 cl (120 ml) Traubentresterbrand (möglichst Marc de Gewurztraminer)

TIPP Unbedingt rechtzeitig Rohmilchkäse kaufen und diesen bei Zimmertemperatur gut reifen lassen, er sollte auf leichten Druck etwas nachgeben. Platzt er beim Flambieren auf, ist das gerade richtig. Den nicht vollkommen verbrannten oder aufgenommenen Brand mit einem Löffel über den Käse träufeln.

Kartoffeln in der Schale kochen, abgießen und so weit abkühlen lassen, dass man sie gerade schon anfassen kann. Pellen und in Viertel schneiden oder halbieren. In einer nicht zu großen Schüssel mit der **Brühe** übergießen, ab und zu umwenden.
Senf-Vinaigrette aufschlagen. **Zwiebel** fein würfeln, **Petersilie** hacken. Mit dem **Kümmel** in die Vinaigrette rühren und die Kartoffeln damit umwenden.
Munsterkäse in die Mitte einer großen Platte legen und den Kartoffelsalat drumherum kreisförmig anrichten.
Zu Tisch bringen. Den **Traubentresterbrand** in einer Suppenkelle über einer Gasflamme erhitzen, anzünden und portionsweise über den Käse gießen. Durch die Hitze karamellisiert die Käserinde, wird dabei desinfiziert und schmeckt großartig. Sobald das Feuer erlischt, den Käse vierteilen (oder so aufschneiden, dass jeder Gast ein Stück bekommt) und jeweils auf einer Portion Kartoffelsalat auf Tellern servieren.

ANMERKUNGEN Manche Menschen mögen keinen Kümmel – oder behaupten es zumindest. Es ist aber das traditionelle Gewürz zum Munsterkäse, eine geradezu ideale Paarung. Durch das Tränken in der Vinaigrette entwickelt er sich gut, geht mit den anderen Zutaten eine enge Verbindung ein – und wohl deshalb haben viele unserer Gäste ihn lieben gelernt.
Kümmel (frz. carvi) sollte man nicht mit Kreuzkümmel (frz. cumin) verwechseln – genau das ist aber im Elsass geschehen. Was dazu geführt hat, dass man dort heute oft den Urelsässer Käse mit dem nordafrikanischen Gewürz serviert. Wir sind dadurch darauf gekommen, ihn mal mit Koriandergrün zu paaren, was bestens passt. Versuchen Sie's mal!

BEILAGE Warmes, knusprig aufgebackenes Baguette.
GETRÄNK Elsässer Gewürztraminer.

Kartoffelsalat
MIT FLAMBIERTEM MUNSTERKÄSE

LIEBLINGSREZEPTE AUS RESTEN

Wenn mal Kartoffeln übrig bleiben.

Reste von **Pell-, Salz-** oder **Dampfkartoffeln** lassen sich in der Mikrowelle wiederbeleben (Seite 11) und mit einer Vinaigrette zum ganz normalen Kartoffelsalat – ab Seite 238 – zubereiten oder in anderen unserer Rezepte verwenden. Gleiches gilt für sämtliche Varianten von Kartoffelresten, wie Püree, Stampf, Gratin, in Folie gebackene oder als Pudding, Knödel oder Gnocchi zubereitete Kartoffeln. Nur für Chips und Pommes frites ist uns bisher nichts eingefallen, wie sie in einem Salat eine angenehme Konsistenz behalten und gut schmecken. Aber das ist ja vielleicht auch nicht so wichtig, weil sie ohnehin nur frisch gebacken verspeist werden sollten und dann, in Mayonnaise getaucht, quasi zur Cousine eines Kartoffelsalats werden, wenn nämlich diese Mayo schön feinsäuerlich abgeschmeckt wurde.

Kartoffelpüree und **Kartoffelstampf** sind eine wunderbare, viel zu selten verwendete Basis für Kartoffelsalate, wie auf den Seiten 224–227 vorgestellt. Man sollte bei der Zubereitung berücksichtigen, dass das abgekühlte, im Kühlschrank aufbewahrte, kalte Püree eine deutlich festere Konsistenz hat, als frisch zubereitet, beim Erwärmen jedoch wieder weicher wird – deswegen das Dressing erst einrühren, wenn es mindestens zimmerwarm ist, sonst wird es womöglich zu flüssig. Auch ein Püree-Salat sollte schließlich mit der Gabel und nicht mit dem Löffel verspeist werden können.

Mit Käse und Sahne zum **Gratin** überbackene Kartoffeln, mit Zwiebeln oder Lauch, Karden oder Artischocken, Champignons oder womöglich sogar schwarzen Trüffeln vermischt, ergeben verblüffenderweise einen überzeugenden Salat. Hier braucht man wirklich nur etwas Essig oder Zitronensaft, einen guten Tropfen feinaromatisches Öl, etwas erfrischende Zwiebel oder Schalotte, Salz, Pfeffer und gehackte Petersilie, um die vorsichtig aufgelockerte und leicht erwärmte Mischung in eine edle Vorspeise zu verwandeln – einfacher und schneller kann man kein so köstliches Gericht zaubern.

In der **Folie,** auf dem **Grill** oder in seiner **Glut** gebackene und trotz ihres tollen Aromas nicht verspeiste

RESTE-VERWERTUNG

Kartoffeln kann man mit dem Löffel auskratzen, ihr feines Mark mit der Gabel zerdrücken und mit Schnittlauch, Schalotte oder Zwiebel und Vinaigrette vorsichtig mischen. Der wunderbare Hitze- oder Röstgeschmack ist nicht so ausgeprägt wie von im Kartoffelfeuer (aus Kartoffelkraut) gerösteten Kartoffeln, erinnert aber daran und ergibt mit der Säure des Dressings einen spannungsreichen Salat. Vorsicht: Die Masse nicht durchs Sieb pressen, nicht streichen und auch nicht zu kräftig rühren oder schlagen, sie könnte schleimig werden.

Reste eines **Kartoffelpuddings,** in einer Form im Wasserbad oder im Ofen gestockt, auch Knödelreste, schneidet man in Scheiben, die man auf einer Platte oder Tellern auslegt, mit gehackten Zwiebeln und Kräutern bestreut und mit einer beliebigen Vinaigrette übergießt. Sind die Knödelscheiben allerdings sehr fest und auch sehr dünn aufgeschnitten nicht zart genug, um sie angenehm zu essen, ist es besser, sie zu braten und wie einen Bratkartoffelsalat anzumachen.

Denn wie jeder weiß, kann man aus übrig gebliebenen gekochten Kartoffeln herrlich knusprige Bratkartoffeln herstellen (Seite 220), auch sie schmecken, mit einer Vinaigrette erfrischt, köstlich. Und auf erstaunlich einfache Weise verwandeln sich sogar ältere Pellkartoffeln zu einer Delikatesse, die ihrerseits wieder zu Salat werden kann:

ZWULER ODER MALUNS

Dafür werden mindestens zwei, drei Tage alte Kartoffeln gepellt (wenn nötig), grob geraffelt und mit Mehl bestäubt. Mit den Händen locker durchwühlen, bis die Kartoffelflocken trocken wirken und gleichmäßig weiß überzogen sind. Dann in einer Pfanne in Butterschmalz langsam braten, bis sich eine Kruste gebildet hat. Mit der Bratschaufel lockern, würzen, mit Salz und Pfeffer, gern auch mit Muskat und/oder Majoran, auch Kümmel passt bestens, wenn nötig weiteres Butterschmalz hinzufügen. Unter öfterem Wenden oder kräftigem Schütteln der Pfanne braten, bis sämtliche Flocken goldbraun und knusprig sind.

Kartoffelsalat
MIT THUNFISCH UND BLEICHSELLERIE

Weil's schnell gehen soll, werden die Kartoffeln nicht erwärmt, können ausnahmsweise in der Marinade durchziehen, für die wir in diesem Fall auch das Öl aus der Dose mitverwenden. Wenn mehr Zeit ist, wäre es dem Geschmack auch hier dienlich, wenn etwas Brühe zum Einsatz kommt. Ideal wäre dafür Dashi, die japanische Grundbrühe, dort fast noch wichtiger als bei uns Fleischbrühe, Gemüsebrühe oder Fonds, die durchaus auch in europäischen Zubereitungen passt.

Zubereitungszeit: 12 Minuten + evtl. einige Stunden Marinierzeit

Für 1 Person

2 übrig gebliebene, mittelgroße, in der Schale gekochte Kartoffeln (ca. 150 g)
2 Stengel Bleichsellerie
1 kleine Dose Thunfisch (in Olivenöl – 125 g/80 g Einwaage)
½ rote Paprikaschote
1 EL Kapern
Salz
schwarzer Pfeffer aus der Mühle
1 TL Senf
2 EL Zitronensaft
etwas Fenchelgrün oder Dill

Kartoffeln schälen und in Würfelchen schneiden. **Sellerie,** wenn nötig, fädeln, ebenfalls würfeln, aber etwas feiner. **Thunfisch** zerpflücken. **Paprika** kapernklein würfeln.
Alles mit den **Kapern** in einer Schüssel mischen, mit **Salz, Pfeffer, Senf, Zitronensaft** und dem Thunfischöl aus der Dose anmachen. **Fenchel** oder **Dill** fein schneiden und untermischen. Darf einige Stunden marinieren.

TIPP Wenn Sie den Salat als Hauptgericht vorsehen wollen, dann richten Sie ihn auf einer Platte mit einem doppelten Kranz aus Tomaten- und Eischeiben an.

TIPP **Dashi** kauft man nicht fertig, man setzt es selbst an und es ist wirklich kinderleicht. Die Zutaten bekommt man in Asia-Läden oder übers Internet. Für etwa 1 l Dashi ein handtellergroßes Blatt Kombu (getrockneter Seetang) in einem Topf mit 1 l kaltem Wasser bedecken und 10 Minuten quellen lassen. Aufkochen, den Seetang herausfischen und stattdessen 15 g Bonitoflocken hineinrieseln lassen. Einmal aufwallen lassen, dann vom Herd nehmen und neben dem Kochfeld 5 Minuten ziehen lassen. Durch ein Küchentuch (oder ein mit Küchenpapier ausgelegtes Sieb) filtern. – In einem Schraubglas bleibt Dashi im Kühlschrank mehrere Tage frisch. Zurückbleibende **Kombu** und **Bonitoflocken** kann man noch ein zweites Mal aufgießen, je ein Drittel neuen Seetang und Flocken hinzufügen, mit 500 ml Wasser aufkochen, wieder ziehen lassen und filtern. Dieser zweite Aufguss schmeckt zarter, hintergründiger, kaum mehr nach Meer und dient bestens als Würze bei verschiedensten Zubereitungen. Praktisch: In Eiswürfelbehältern einfrieren und die Würfel in einen Gefrierbeutel umfüllen. So steht immer eine passende Portion zur Verfügung. Auch europäische Kartoffelsalate bekommen durch Dashi einen besonderen Touch – feiner, als mit dem sonst durchaus hervorragend korrigierenden Schuss Fischsauce.

BEILAGE Herzhaftes Brot, ein Brötchen oder eine Brezel.

Sind gekochte Kartoffeln zu alt, um sie zu Salat zu rädeln, macht man einfach den Umweg über Bratkartoffeln – das schmeckt dann wieder ausgezeichnet!

Zubereitungszeit: 20 Minuten

Für 2 Personen

ca. 300 g übrig gebliebene, in der Schale gekochte Kartoffeln vom Vortag
40 g Butter oder 2–3 EL Öl
Salz
schwarzer Pfeffer aus der Mühle
1 Zwiebel
½ Bund Petersilie
1 Rezeptmenge Senf-Vinaigrette oder ein anderes Grundrezept ab Seite 238

Kartoffeln pellen und in Scheiben schneiden. In **Butter** oder **Öl** unter häufigem Wenden braten, bis sie rundum golden sind – das braucht seine Zeit. Dabei **salzen** und **pfeffern.**
Zwiebel und **Petersilie** hacken und mit der **Salatsauce** mischen. Über die heißen Kartoffeln gießen und sofort servieren.

TIPP Natürlich kann man die Bratkartoffeln mit fast allem anreichern, was man im Kühlschrank findet: Gemüsereste, Fleisch- oder Fischreste, Wurst oder Speck. Und wenn man die Bratkartoffeln wieder etwas abkühlen lässt, Salatblätter jeglicher Art.

BEILAGE Gekochte oder pochierte Eier. Gut auch eine dicke gebratene Scheibe gekochter Schinken.
GETRÄNK Bier oder ein deftiger Wein, weiß oder rot.

BRATKARTOFFELSALAT

Kartoffelsalat **AUS GAAANZ ALTEN KARTOFFELN**

In ärmeren Zeiten musste man oft aus ganz wenig noch was machen, weil sonst gar nichts auf den Teller gekommen wäre. Das forderte die Fantasie heraus und so sind unendlich viele wundervolle Rezepte entstanden, die oft Lieblingsgerichte wurden. Ein Beispiel sind die Zwuler in Bayern oder die Maluns in Graubünden, die wir auf Seite 217 beschrieben haben. Wenn sogar davon noch was übrig bleibt? Dann machen wir die Zwuler oder Maluns zum Salat! Und zwar mit dem, was gerade noch im Kühlschrank zu finden ist.

Zubereitungszeit: 5 Minuten

Für 2 Personen

eine kleine Schüssel voll übrig gebliebener Zwuler/Maluns
1 Zwiebel (lieber eine rote oder rosa als eine normale Haushaltszwiebel, aber die geht natürlich auch)
1 Handvoll Petersilie, Liebstöckel, Estragon
1 EL Senf
2 EL milder Essig
2 EL Öl
evtl. ca. 100 g roher oder gekochter Schinken in dünnen Scheiben, auch Speck oder Fleischwurst

Die **Zwuler** in eine Schüssel füllen. Die anderen **Zutaten** zufügen: Zwiebel und Kräuter sehr fein hacken, mit Senf, Essig und Öl verrühren. Schinken, Speck oder Wurst in kleine Fleckchen schneiden. Alles rasch mischen.

BEILAGE Geröstetes Brot, auf das man sich die angemachten Zwuler oder Maluns häuft, Gewürzgürkchen und auch ein paar Oliven, falls vorhanden. Gern auch ein Stück Bergkäse.
GETRÄNK Pinot Noir, etwa aus Malans (Graubünden); ein weiß gekelterter Spätburgunder oder ein Pils.

Kartoffelpüreesalat …

… MIT ENDIVIE

… MIT HERZ VOM REH ODER KALB

Kartoffelpüreesalat …

Der darf natürlich bei uns nicht fehlen, denn er ist eine geniale Resteverwertung. Erstens geht es schnell, zweitens ist es einfach. Wir kennen einen Gourmet, der regelmäßig dafür sorgt, dass eine ordentliche Portion Kartoffelpüree für den folgenden Tag übrig bleibt, wenn seine Frau welches zubereitet, indem er einfach mehr Kartoffeln aus dem Keller holt, als seine Frau sich gewünscht hat. Recht hat er, denn er denkt wie einst die praktischen Köchinnen bürgerlicher Familien. Er heißt übrigens Moritz. Hier zwei Prototypen, die wir heiß und innig lieben.

… MIT ENDIVIE

Zubereitungszeit: 15 Minuten

Für 2 Personen

übrig gebliebenes Kartoffelpüree vom Vortag (möglichst 300–400 g)
1 mittelgroßer Endiviensalatkopf
1–2 Zwiebeln
2–3 Knoblauchzehen (nach Belieben)
Salz
schwarzer Pfeffer aus der Mühle
3–4 EL Estragonessig oder Zitronensaft nach Gusto
3 EL Olivenöl

Das **Kartoffelpüree** vorsichtig erwärmen (am besten in der Mikrowelle, da brennt nichts an).
Inzwischen den **Salat** putzen und in „Tagliarini" schneiden, wie auf Seite 68 beschrieben. **Zwiebel(n)** und **Knoblauchzehen** sehr fein würfeln. Das warme Kartoffelpüree mit **Salz, Pfeffer, Essig** oder **Zitronensaft** (Letzteres besser, wenn es zu hellem Fleisch passen soll, etwa zu Huhn) und **Öl** verrühren. Zwiebeln, Knoblauch und Salatstreifen untermischen. Fertig!

TIPP Sehr gut schmeckt diese Variante, wenn man das Püree nicht nur mit angerührtem Wasabipulver würzt, sondern ihm auch einen grünen Schimmer verleiht. **Wasabi,** der scharfe grüne Meerrettich, mit dem die Japaner ihre Sushi und Sashimi würzen, passt nämlich überhaupt prima in Kartoffelsalate. Die frische Wurzel bekommt man leider nur selten, weil sie extrem schnell verdirbt. Sie wird daher am Produktionsort zu einem grünen Pulver verarbeitet. Leider kann man es jedoch höchst selten rein kaufen, auch wenn groß „Wasabi" auf dem Etikett steht. Tatsächlich steckt darin hauptsächlich ganz normaler, künstlich grün gefärbter und mit Aromastoffen versehener Meerrettich. Eigentlich Betrug, es hat sich aber so eingebürgert. Übers Internet kann man auch reines Wasabipulver finden, mit etwas Glück manchmal sogar frische Wurzeln. Beides ist freilich erheblich teurer, lohnt sich aber. Das Pulver sollte man immer wenigstens eine halbe Stunde vor Gebrauch mit ganz wenig Wasser (oder einer anderen aromatischen Flüssigkeit, etwa Sake, Bier oder Wein) zu einer festen Paste anrühren, damit sich der mehlige Geschmack verliert und die Aromen sich entwickeln können. Um ihn ins Püree zu mischen, natürlich flüssig halten. Wasabipaste in der Tube ist übrigens immer nur ein Surrogat, das nach Öffnen der Tube sehr schnell an Aroma verliert.

... MIT HERZ VOM REH ODER KALB

Wir lieben das muskulöse, feste und gleichzeitig zarte Herz von jungen Tieren. Wir bekommen es ab und zu von Jägern und Bauern, ohne gleich das ganze Tier kaufen zu müssen. Das kommt meist überraschend ins Haus und wir sind dann froh, wenn ein Rest Kartoffelpüree oder Kartoffel-Möhren-Stampf aushilft.

Zubereitungszeit: 25 Minuten

Für 2 Personen

übrig gebliebenes Kartoffelpüree vom Vortag (möglichst 300–400 g)
2–3 Anissterne
1 Herz vom Reh (oder ca. 250 g Kalbsherz)
etwas Olivenöl
1 Zwiebel
1 Sträußchen arabische oder vietnamesische Minze
Saft von 2 Limetten
2 EL Kürbiskernöl (siehe Seite 159)
viel frisch gemahlener Pfeffer
grobes Meersalz

Den Backofen auf 80 °C Ober-/Unterhitze vorheizen. Das **Kartoffelpüree** in eine Schüssel geben und die **Anissterne** hineinstecken. Abdecken und in der Mikrowelle vorsichtig erwärmen.
Das **Rehherz** so aufschneiden, dass man es aufklappen kann. Von Blutresten, fetten und sehnigen Partien befreien. Mit **Olivenöl** einreiben und auf beiden Seiten 2 Minuten scharf grillen. Zwischen zwei Tellern im vorgeheizten Ofen 10 Minuten nachgaren lassen.
Inzwischen **Zwiebel** hacken, **Minze** in Streifen schneiden und ins Püree rühren. **Limettensaft** darüberträufeln, mit dem **Kernöl** und viel **Pfeffer** ins Kartoffelpüree rühren. Auf vorgewärmte Teller setzen.
Das Herz in dünnen Scheiben aufschneiden – es muss im Kern noch sehr rosa sein – und dekorativ auf dem Püree anrichten. Mit **Meersalz** bestreuen und sofort verspeisen – dabei aufpassen, nicht auf die Sternanisfragmente zu beißen.

GETRÄNK Ein Spätburgunder oder Lemberger aus dem Schwabenland.

Kartoffelsalat **MIT KALBSKOPF**

Wenn mal ein paar gekochte Kartoffeln übrig sind, dann finden sie hier einen würdigen, glanzvollen Platz. Begleiten bescheiden, aber unverzichtbar als Salat eines der erlesensten Gerichte der anspruchsvollen, fürstlichen, ja königlichen Tafel – aufwendig, aber großartig! Zuerst muss man beim Metzger den Kalbskopf bestellen – was nicht leicht gelingt. Aussage vom Schlachthof Köln: „Der kommt bei uns in den Abfall." Eine Schande, eine Sünde! Nicht nur, weil Kalbskopf zum Feinsten gehört. Sondern wir sollten stets der moralischen Pflicht gedenken, auch wirklich alles zu verwerten und zu genießen, wenn ein Tier sterben muss, damit wir es essen können. Natürlich macht die Zubereitung dieser Mahlzeit Mühe – aber eine große Gästeschar von Kennern glücklich!

Zubereitungszeit: 45 Minuten + 2–3 Stunden Garzeit bzw. Wässern

Für 8–10 Personen

1 Kalbshirn
250 g Kalbsbries
1 Kalbszunge
½ ausgelöster Kalbskopf (Maske, zur Rolle gewickelt und verschnürt)
2 Möhren (200 g)
½ Sellerieknolle (200 g)
1 Lauchstange (150 g)
1 Bund Petersilie
1 Zwiebel
1 Lorbeerblatt, 1 Gewürznelke
10 weiße Pfefferkörner
Salz, schwarzer Pfeffer aus der Mühle
Mehl zum Bestäuben
1 Ei
4 EL Butterschmalz

Kartoffelsalat

ca. 500 g übrig gebliebene, in der Schale gekochte Kartoffeln
doppelte Rezeptmenge Senf-Vinaigrette (siehe Seite 238)
2 Schalotten, 2 Frühlingszwiebeln
etwas frischer Meerrettich
3–4 Radieschen
etwas Kerbel oder Petersilie

Hirn und **Bries** 2–3 Stunden unter einem dünnen, kalten Wasserstrahl baden, damit sie schön hell werden.
Inzwischen **Zunge** und **Kalbskopfmaske** in einen großen Topf betten. Geputzte **Möhren, Sellerie,** den weißen Teil und das dunkle Grün der **Lauchstange** zufügen. Mit Wasser bedecken, **Petersilienstiele** (Blätter beiseitelegen), **Zwiebel, Lorbeer, Nelke, Pfefferkörner** und **Salz** zufügen. Aufkochen und abgedeckt 2–3 Stunden leise simmern lassen. Lauchstange bereits nach 15 Minuten, Möhren und Sellerie nach 40 Minuten herausheben und beiseitestellen. Unterdessen Hirn häuten, mit dem Bries zum Kalbskopf legen und etwa 20 Minuten mitgaren. Bries putzen: Sehnen und dicke Häute wegschneiden. Mit dem Hirn abgedeckt beiseitestellen. Nach der Garzeit die Zunge herausheben, kalt abschrecken, die dicke weiße Haut abziehen, auch zudecken.
Für den Salat **Kartoffeln** pellen, in Stifte schneiden (etwa 5 mm dick), gegarte Möhren, Lauch und Sellerie ebenfalls. In einer Schüssel mit heißer Kalbsbrühe benetzen und ziehen lassen.
Die **Senf-Vinaigrette** mit etwas Kochsud cremig aufschlagen, mit gehackten **Schalotten** und **Frühlingszwiebeln** sowie großzügig hineingeriebenem **Meerrettich** verrühren. Salatzutaten mit der Hälfte davon marinieren.
Hirn und Bries in Scheiben schneiden, **salzen, pfeffern,** in **Mehl** wenden, im verquirlten **Ei** wälzen, in **Butterschmalz** golden backen. Zunge in feine Scheiben, Kalbskopf ein bisschen dicker aufschneiden. Alles mit dem Kartoffelsalat auf großen Tellern hübsch anrichten und mit etwas restlicher **Vinaigrette** beträufeln. Mit **Radieschenstiften** und **Kerbel-** oder **Petersilienblättchen** bestreuen.

BEILAGE Herzhaftes Bauernbrot mit schöner röscher Kruste.
GETRÄNK Ein großer, üppiger Burgunder, Bordeaux oder von der Rhône – ganz nach Belieben weiß oder rot.

DARAUS MACHEN WIR NOCH WAS!

Schlimm, wenn man genötigt wird, auch den letzten Rest noch aufzuessen?!? Aufhören mit dem Unsinn, Reste sind was Gutes: die Basis einer neuen Mahlzeit!

In einer guten Küche wird nichts Essbares weggeworfen – dazu sind Lebensmittel zu kostbar! Nur: Es fehlt oft die Idee, was mit dem Rest, der in den Schüsseln geblieben ist, geschehen soll. Einfach noch schnell aufessen, während man die Spülmaschine einräumt, ist keine Lösung – das könnte sich am Ende mit zu eng gewordenen Hosen oder Röcken rächen. In den Kühlschrank stellen, dort vergessen, bis es verdorben ist, und dann doch entsorgen – zwar nicht reinen Gewissens, aber mit der Entschuldigung, dass es ja nun nicht mehr anders ging …

Klar, auch uns vergammelt schon mal was im Kühlschrank. Aber in der Regel fällt uns zu solchen Resten was ein. Unsere Liebe zum täglichen Kartoffelsalat erweist sich dabei als äußerst hilfreich, denn es gibt, sehen wir mal von Desserts ab, nur wenige Zutaten, die nicht in einem Kartoffelsalat untergebracht werden können. Im Gegenteil: So mancher Salat kommt bei uns nur auf den Tisch, weil ein Rest vorhanden war – schließlich brauchen wir ja oft nur eine Vorspeise für zwei Personen, also eine recht geringe Menge, für die es sich nicht lohnen würde, die Zutaten extra anzufertigen. In diesem Sinne empfinden wir Reste nicht als Negatives, weil im Moment nicht mehr Gebrauchtes, sondern als Option für die Zukunft. Nichts Wertvolles, aber immer wieder nützlich, weil man dadurch Zeit und Arbeit spart.

Manche Gerichte bereiten wir ganz planvoll in so üppig bemessener Menge zu, dass auf alle Fälle was übrig bleibt – etwa Rehbraten wie für das Rezept auf Seite 155. Wir wären traurig, sollte wider Erwarten doch alles weggeputzt werden. Oder ein Schmorbaten, der in kleiner Portion ja nicht gelänge: Von einem prächtigen, wohlgelungenen, gleichzeitig mürben und saftigen Stück in weinwürziger Sauce mögen sich die Gäste hemmungslos den Bauch vollschlagen und dennoch bleibt was übrig, sehr zu unserer Freude. Hier handelt es sich allerdings nicht eigentlich um eine Resteverwertung, sondern um die einst in kontinuierlich geführten Haushalten geübte Praxis, in einem Arbeitsgang die Grundlage für zwei (oder sogar mehrere) Mahlzeiten zu schaffen.

Nicht selten hören wir jedoch leider: „Was nicht aufgegessen wird, kommt bei uns gleich in den Müll." Oder gar: „Reste sind doch eklig." Das Wegwerfen kann sich die Wohlstandsgesellschaft nur leisten, weil sie gedankenlos und unmoralisch geworden ist: Getreide und Gemüse können nur so billig sein, weil es zulasten der Umwelt, Fleisch und Geflügel, weil es auf Kosten des Tierwohls erzeugt wird.

Unsere Vorfahren hatten es nicht so gut wie wir, mussten lange arbeiten, um satt zu werden. Über die Hälfte des Lohns musste man früher für die Ernährung aufwenden, heute sind es knapp

12 Prozent. Um 1900 musste der durchschnittlich verdienende Arbeiter mit 60-Stunden-Woche für ein Ei gut 12 Minuten arbeiten, heute braucht selbst der Mindestlohnempfänger keine Minute mehr dafür. Und trotzdem geben wir bekanntlich im Schnitt mehr Geld für das Öl aus, das wir den Motoren unserer Autos gönnen, als für das, was wir uns selbst einverleiben. Ist der Fernseher kaputt, wird er entsorgt und wir kaufen uns einen neuen. Genauso geht's den möglichst billig erstandenen Nahrungsmitteln, die massenweise im Müll landen: Was nichts kostet, ist auch nichts wert.

Sinnvoller wäre es, bessere und ihren Preis werte, also nachhaltig und nicht auf Kosten der Tiere und der Umwelt erzeugte Lebensmittel zu kaufen, die man wertschätzt, weil man ordentlich dafür bezahlt hat, und deren nicht verspeiste Überbleibsel man deshalb nicht einfach wegwirft. Allerdings: Voraussetzung für erfolgreiche Resteverwertung ist freilich ein einigermaßen geregeltes Leben. In einer Familie mit Kindern vermutlich weniger schwierig, Kinder regulieren mit ihren Kindergarten- und Schulzeiten den Alltag. Viele Menschen (alleinlebend oder in loser Beziehung) leben jedoch eher im Hier und Jetzt, planen ihre Zeit lieber, ohne sich festzulegen, und ihr Tun spontan übers Handy. Ihnen mag schon das Aufbewahren eines Restes als Zwang erscheinen. Das Umfüllen in ein kleineres, verschließbares, im Kühlschrank weniger Platz einnehmendes Gefäß (Plastikbeutel, Klarsicht- und Alufolie wollen wir inzwischen wegen Umweltbelastung vermeiden) hat ja nur Sinn, wenn die Bereitschaft vorhanden ist, sich auf eine Verwendung dieses Restes in den nächsten zwei oder drei Tagen einzulassen. Die Frist kann manchmal durch Einfrieren verlängert werden, eine gewisse Verpflichtung freilich bleibt mahnend im Hinterkopf bestehen. Ihre Erfüllung wäre aus kulinarischen Gründen ebenso sinnvoll wie durch eine positive Bilanz bezüglich Klimawandel, Umweltschutz und Nachhaltigkeit. Wir fänden es wunderbar, wenn mehr erkannt würde, dass Esskultur nicht auf Verschwendung und auf Luxusprodukten beruht, sondern auf überlegtem, alle Werte und Möglichkeiten ausnutzendem Umgang mit den natürlichen Ressourcen bedeutet und wenn die Freude am sinnvollen und kreativen Verwerten von

Reste verstecken, ohne dass jemand merkt, dass hier Reste im Spiel sind. Das ist die Kunst! Da sind Fantasie und Mut gefragt!

Resten über die Wegwerfmentalität obsiegt – und das Ergebnis obendrein köstlich mundet.

Zurück zur Verwendung von Resten im Kartoffelsalat. Die Methode ist einfach, das Verfahren grundsätzlich immer gleich:

- Reste von Gemüse, Fisch oder Fleisch ohne Sauce werden klein geschnitten oder auseinandergezupft, mit lauwarmen Kartoffeln in Scheibchen und einer Vinaigrette (Seite 235) sowie passenden Gewürzen und Kräutern umgewendet.
- Reste von Gemüse, Fisch oder Fleisch in einer Sauce werden (falls nötig) auch klein geschnitten oder verzupft, die Sauce mit Zitronensaft oder Essig gesäuert, eventuell mit etwas Öl geschmeidiger gemacht. Sollte die Sauce im Kühlschrank fest geworden sein, muss man sie von den übrigen Zutaten trennen, damit sie nicht verkochen, und vorsichtig etwas erwärmen, damit man sie säuern und in eine Salatsauce umwandeln kann. Dann alles mit den Kartoffelscheibchen zusammenfügen und würzen. In kühlschrankkalte Reste die Kartoffeln lieber heiß hineinschnibbeln.
- Oft bleibt nicht nur vom Hauptgericht, sondern auch von begleitenden Beilagen ein Rest übrig. Eine kleine Portion Nudeln kann bedenkenlos in den Kartoffelsalat wandern, ebenso Reis, wenn er nicht übergart wurde, also schon zu weich geworden ist. Pasta und Kartoffeln, die man in Italien ja als Gemüse und nicht als Sättigungsbeilage oder eigenständiges Grundnahrungsmittel betrachtet, werden dort gern in vielen Eintöpfen gleichzeitig eingesetzt (pasta e patate), bei uns eher selten, etwa im Gaisburger Marsch.
- Es versteht sich, dass auch in der Resteverwertung nur gute Produkte, feine Essige oder frisch gepresster Zitronensaft und aromatisches, kalt gepresstes Öl verwendet werden. Sie ist kein nachlässig bereitetes Grab, in dem man minderwertige Zutaten versenkt, sondern verdient dieselbe Sorgfalt wie frisch gekochte Speisen.

Da man bei der Verwendung von Resten nicht von bestimmten Mengen ausgehen kann und die Zusammenstellungen sowie die Auswahl an Zutaten situativ bedingt sind, lassen sich keine Mengen definieren und Maße vorschreiben – hier sind Fantasie und Gefühl gefragt. Und man muss vielleicht häufiger nachwürzen als bei der Zubereitung frischer Speisen, nach dem Mischen der Komponenten öfter und aufmerksamer abschmecken.

Wichtig ist immer eine spannende Säure und möglichst vielfältige frische Würze – vor allem gehackte Zwiebel und verschiedene Kräuter, die nicht nur farblich, sondern auch geschmacklich für eine neue Anmutung sorgen. Dann machen Reste im Kartoffelsalat garantiert eine gute Figur. Und niemand wird vermuten, dass überhaupt ein Rest im Spiel ist.

WAS KARTOFFELN ZUM SALAT MACHT

Salz, Essig und Öl, Vinaigrette und Mayo

„Um einen guten Salat anzurichten, braucht man vier Charaktere: einen Verschwender für das Öl, einen Geizhals für den Essig, einen Weisen für das Salz, einen Narren für den Pfeffer." Diese sprichwörtliche Regie-Anweisung zur Salatbereitung des französischen Schriftstellers François Coppée (1842–1908) hat im Allgemeinen längst ihre Gültigkeit verloren; abgesehen davon, dass sie heute meist anders zitiert wird, nämlich einen Narren (oder Irren) mit dem Umwenden des Salats beauftragt.

Für Kartoffelsalat gilt, finden wir, etwas ganz anderes. Um die Sache von hinten aufzuzäumen: Gegen kräftige **Würze** durch Pfeffer und andere Scharfmacher haben wir nichts, im Gegenteil! Nur: Als Narr sollte man sich dabei ebenso wenig aufführen wie beim **Umwenden.** Das erfordert nämlich gerade bei Kartoffelsalaten höchstes Fingerspitzengefühl, wenn die Scheiben einigermaßen schön erhalten bleiben sollen. Denn mit noch warmen Kartoffeln, deren Stärke noch nicht abgebunden hat und deren Scheiben daher leicht zu Mus zergehen, sollte man mit größter Vorsicht umgehen, damit wenigstens Stückchen erhalten bleiben und die Masse nicht schleimig wird.

Das **Salzen** erfordert in der Tat eine gewisse Weisheit, wobei freilich kaum ein anderes Lebensmittel so viel Salz schluckt wie Kartoffeln. Außerdem ist das rechte Maß sehr vom persönlichen Geschmack abhängig – was der einen schon versalzen vorkommt, empfindet der andere noch als fad. Und dann kommt es stets auf die weiteren Zutaten an: Vor allem die Fleisch- oder Gemüsebrühe zum Anfeuchten der Kartoffeln, Kräuter, Gewürze und Würzsaucen, aber auch bereits gesalzene Komponenten (Anchovis oder Hering, Schinken oder Speck) können manchmal schon Salz genug liefern, um die Kartoffeln zu befriedigen.

Im Kartoffelsalat kann es jedoch um mehr gehen, nämlich den Eindruck, den die unterschiedliche Struktur und Körnung des Salzes der Zunge vermitteln: die zarte Krume vom lockeren **Fleur de Sel** (die Salzblüte, die vorsichtig von der Oberfläche abgeschöpft wird), die gröberen Kristalle vom (gern ungereinigten) Meersalz, wie man es in der Guérande gewinnt, die Plättchen, die man vom englischen Maldon-Salz kennt, oder die Stäbchen, Krümel und Rhomben unterschiedlicher Salzigkeit, wie sie jedes handwerklich gewonnene Salz aufweist (ob von Sizilien, Mallorca, Ibiza, der Adria oder aus der Camargue). Das bei jedem Happen in unterschiedlicher Intensität frei werdende Salz erobert die Geschmackshoheit mit klarer Kraft, es entstehen sich abwechselnde Wellen von rauer Salzigkeit und cremiger Kartoffelsüße – eine haptische wie geschmackliche Wahrnehmung, höchst lebendig und spannend für die Zunge. Natürlich darf dafür das Salz erst im letzten Moment zugefügt werden und man sollte den Salat zuvor mit Öl versiegeln, damit sich die Salzkörnchen nicht so schnell auflösen.

Lassen wir nicht außer Acht, dass „Salat" eigentlich nichts anderes heißt als das „Eingesalzene", abgeleitet vom italienischen *insalata,* das wiederum vom lateinischen *sal* für Salz. Manchmal sprechen wir von der „Marinade", mit der ein Salat angemacht wird, was aber, streng genommen, nur richtig ist, wenn die Zutaten in der Sauce marinieren, also in einer gesalzenen Flüssigkeit durchziehen – darin steckt der lateinische Wortstamm *mare* (Meer) beziehungsweise *marinus* (zum Meer gehörig). Ansonsten ist es die „Salatsauce". Wie langweilig!

WAREN-KUNDE

Angesagter ist deshalb wohl das englische „Dressing“, was sich von *to dress* (anziehen = herrichten) ableitet. In Frankreich spricht man präzise von der Vinaigrette, was wir gern übernehmen.

Vinaigrette setzt sich aus *Vin* (Wein) und *aigre* (sauer) zusammen und zeigt, dass die Säure des zu Essig gewordenen Weins das tragende Element ist – unabdingbar für einen Salat, obwohl man geizig damit umgehen soll. Beim Kartoffelsalat finden wir indes eine Auflösung dieses Widerspruchs, denn für ihn brauchen wir unbedingt mehr Essig als Öl, kehren das Sprichwort also um: weil Kartoffeln gewaltigen Durst haben und zweitens die Säure geradezu verschlucken. Deshalb ist der perfekte Anzug, das Dressing, die harmonische Vinaigrette, von größter Bedeutung. Und für sie wiederum die Qualität der Säure.

Weder **Branntweinessig** noch **Essigessenz** genügen diesem Anspruch. Es sind sterile Industrieprodukte aus Alkohol, der aus vergorenen Kartoffeln, Getreide oder Obst gewonnen wurde – mit einem Schuss Weinessig aromatisiert gern Tafelessig genannt. Synthetisch erzeugte Essigessenz sollte man nur zum Putzen verwenden. **Basis für guten Essig** können Trauben (Wein) oder andere Früchte (Obst- oder Beerenwein), auch vergorene zuckerhaltige Gemüse sein (etwa Tomaten), wobei natürlich die Güte des Ausgangsprodukts Geschmack, Reinheit und Wert des Essigs bestimmt. Es ist ein natürlicher Prozess: Bakterien wandeln Alkohol in Essig um. Neben kleineren Manufakturen und Winzern, deren Produkte oft in Holzfässern lange reifen, gibt es auch größere Häuser, vor allem in Frankreich, Italien und Spanien, die gute Qualitäten anbieten. **Weinessig** muss mindestens 6 Prozent Säure enthalten (auch wenn mit Beeren, Kräutern oder Gewürzen aromatisiert), Sherry-Essig ist höher im Säuregrad (mindestens 7 Prozent bis zu 9 Prozent Säure), Reiswein am mildesten (2–4 Prozent Säure). **Obstessige** müssen 5 Prozent Säure aufweisen, auch die mit Früchten oder Kräutern aromatisierten. Gleiches gilt für Essig aus Gemüse, Honig, Bier oder Malz. Das ist im Mischungsverhältnis mit dem Öl natürlich zu berücksichtigen.

Aceto balsamico, der edle, konzentrierte Balsam-Essig (traditionell aus Modena und Reggio Emilia) aus eingekochtem Traubenmost und mit jahrelanger Reifung in den geschmacksprägenden Holzfässern wird heute fabrikmäßig imitiert: industriell und billig aus konzentriertem Most, mehr oder weniger gutem Essig und karamellisiertem Zucker zusammengerührt; gern aromatisiert oder gar zu einer „Creme“ verhunzt, mit der Tellergerichte aufgemotzt werden sollen. Weder die teuren Spitzenprodukte noch die billigen Nachahmungen sind als Säureträger im Kartoffelsalat zu gebrauchen – die gut gemachten kann man tropfenweise einsetzen, um dem fast fertigen oder bereits angerichteten Salat den letzten Kick zu geben.

Verjus, von *vert* (grün) und *jus* (Saft), deutet die französische Herkunft an. Es ist der Saft unreif geernteter Trauben – nicht so sauer wie Essig, angenehm aromatisch und würzig. Früher billiger Ersatz für teuren Essig, heute wieder beliebt in der feinen Küche.

Zitrusfrüchte (Agrumen) verleihen Kartoffelsalat Frische. Zitrone passt vor allem zu den mediterranen Varianten, die exotischen lieben Limettensaft. Die zweifellos besten **Zitronen** kommen von der amalfitanischen Küste. Sie sind doppelt bis dreimal so groß wie normale, sehr saftig, hocharomatisch und meist kernlos. Sie sind geschützt als *Limone Sfusato Costa d'Amalfi IGP (Indicazione geografica protetta,* deutsch: g. g. A. = geschützte geografische Angabe), mit vollem Recht: Nirgendwo schmecken sie so köstlich wie von der Steilküste Amalfis. Die Sorte wird jedoch auch in anderen Gebieten Italiens angebaut. Immer erkennbar an den Blättern, mit denen sie verkauft werden, zum Beweis, dass sie nach der Ernte zur Konservierung nicht chemisch behandelt wurden. Deshalb die dicke aromatische Schale unbedingt nutzen und mit einer guten Reibe (Microplane, die sie schneidet und nicht raspelt, was die ätherischen Duftöle besser erhält) über den Salat hobeln.

Limetten kommen vor allem aus Lateinamerika in unsere Geschäfte – die brasilianischen sind fast immer mit Konservierungsmitteln behandelt, der Saft ist mild. Die Schale kolumbianischer und mexikanischer Früchte wird meist nicht behandelt, eignet sich auch für die Küche. Aromatischer sind die asiatischen Früchte, die man in allen Asia-Shops frisch kaufen kann – von den kleinen Limetten bis zur modischen **Yuzu** aus Japan. Von sterilisiertem Yuzu-Saft raten wir nachdrücklich ab: Das Aroma ist durch das Erhitzen zu sehr denaturiert. Von der bitteren **Kaffirlimette** verwendet man nur die Schale.

Die **Wahl des Öls** hat entscheidenderen Einfluss, gerade beim Kartoffelsalat. Leider bevorzugt man bei uns Öle, die neutral schmecken – raffinierte Pflanzenöle wie Sonnenblumen-, Maiskeim-, Soja- und Erdnussöl. Wir sehen nicht ein, warum man die unbegrenzte Aromenvielfalt nicht nutzen soll, die mit unterschiedlichen Ölsorten möglich ist: Mandeln, Pistazien, Hasel- und Walnüsse, Avocados, Leinsamen, Leindotter, Mohn, Distelsamen, Bucheckern, frischer Sesam, Macadamia, Cashew, Hanf, die Kerne von Tomaten, Paprika und Chili, Trauben, Erd- oder Himbeeren, die von Ziegen gepflückten, gefressenen Früchte und wieder ausgeschiedenen Samen des Arganbaums ... Diese Spezialöle haben alle ihren typischen, wundervollen Geschmack. Der kann pur manchmal so dominant sein, dass die Mischung mit einem neutralen Öl doch zu empfehlen ist. Man sollte diese Öle nur in kleinen Fläschchen kaufen und nach dem Öffnen zügig einsetzen – viele von ihnen werden bald ranzig.

Gutes **Olivenöl** hingegen ist sehr stabil, bleibt dunkel bei Raumtemperatur aufbewahrt und in geschlossener Flasche jahrelang haltbar, wird höchstens etwas goldener. Für uns ist Olivenöl das rundum perfekte Öl in der Küche, auch im Kartoffelsalat. Es liefert nicht nur die reichste Auswahl von Aromen – ein jedes Öl schmeckt anders, je nachdem, woher es kommt, auf welchem Boden, in welcher Meereshöhe, mit welcher Sonnenintensität die Früchte wuchsen, abgesehen von Sorte, Erntezeitpunkt und Produktionsweise, sondern ist obendrein extrem bekömmlich, überaus gesund. Und es kann mit trockenen mediterranen Kräutern und Gewürzen hervorragend aromatisiert werden. Nur von Trüffelöl raten wir ausdrücklich ab, es ist nämlich meistens die reine Chemie.

Allerdings ist erstklassiges Olivenöl nicht einfach zu finden. Es wird sehr häufig gefälscht, um Subventionen der EU abzugreifen, weshalb auf diesem Markt mafiöse Strukturen herrschen. So kann auf dem Etikett von „allerbester Qualität" die Rede sein, was jedoch bei Massenware praktisch nie stimmt. Selbst die höchste Qualitätsstufe *Natives Olivenöl extra (ital. extra vergine, frz. vierge extra, span. virgen extra)* ist oft von industriellen Abfüllern aus zweifelhaften Ölen verschiedener Länder, mit billigerem Haselnuss- oder mit raffiniertem Öl gepanscht. Gucken Sie also aufs Etikett: Das Öl sollte wenigstens aus einem einzigen Herkunftsland stammen, besser einer Region, einem Ort, eventuell von einer Sorte (monocultivar). Kaufen Sie kein Öl anonymer Fabrikation, sondern von einem Erzeuger, der es produziert und abgefüllt hat *(prodotto e imbottigliato),* also mit seinem Namen bürgt – darunter fallen auch die Öle von Weingütern, die man im Weinhandel findet. Sicher ist, dass anständiges Olivenöl im Laden von etwa 15 Euro pro Liter bis weit aufwärts kosten muss.

SENF-VINAIGRETTE

Für 4 Personen

3 EL Essig

1 gehäufter EL Senf

Salz

schwarzer Pfeffer aus der Mühle

3–4 EL Öl

Essig mit **Senf,** etwas **Salz** und **Pfeffer** glatt verrühren. Nach und nach **Öl** unterrühren und mit einer Gabel oder mit dem Schneebesen zu einer cremigen Emulsion aufschlagen.

JE NACH GESCHMACK UND BEDARF VARIIEREN Rot- oder Weißweinessig, milder Obstessig (in diesem Fall etwas mehr nehmen), Sherry-Essig (bei dessen 8–9 Prozent Säure genügen 2 EL), Zitronen- oder Limettensaft. Als Senf bieten sich eher fein gemahlene Sorten an: Delikatess-, Löwen-, Dijon-, auch süßer Senf), also Senfsorten, die am besten emulgieren. Aber auch manche Senfsorten mit ganzen Körnern sind geeignet, zum Beispiel Moutarde de Meaux. Stabiler und sicherer wird die Bindung der Emulsion, wenn man eine Knoblauchzehe durch die Presse dazudrückt.

THAI-VINAIGRETTE

Mit dieser Vinaigrette lässt sich im Prinzip fast jeder einfache, nicht zu speziell zusammengestellte Kartoffelsalat anmachen. Die feurige Schärfe der Chilis belebt, sie wird durch Zucker ausgeglichen, Zitronen-, besser Limettensaft sorgt für Frische. Und obendrein ist diese Salatmarinade besonders leicht, weil sie völlig ohne Öl auskommt. Und man kann mit einem Tee- oder Esslöffel davon nahezu jeden beliebigen Kartoffelsalat regelrecht aufpeppen.

Für 4 Personen

je 1 rote und grüne Chilischote
2 Knoblauchzehen
1 walnussgroßes Stück Ingwer
1 walnussgroßes Stück Galgant (Thai-Ingwer)
1–2 Schalotten oder Frühlingszwiebeln mit Grün
1 Stengel Zitronengras
2–3 Kaffirlimettenblätter
1 Stück Biokaffirlimettenschale
1–2 Korianderwurzeln
3–4 EL Limettensaft (alternativ Zitronensaft)
2 TL Zucker
2–3 EL Fischsauce

Chilis entkernen, **Knoblauchzehen, Ingwer, Galgant** und **Schalotte(n)** schälen und alles grob zerkleinern. Das **Zitronengras** ebenfalls klein schneiden und in einen Mixbecher füllen. Die **Kaffirlimettenblätter** vom dicken Stiel befreien, zusammen mit **Limettenschale** und geputzten **Korianderwurzeln** klein schneiden und mit **Limettensaft, Zucker** und **Fischsauce** in den Mixbecher geben. Mit dem Stabmixer kurz mixen, bis alles gleichmäßig, aber nicht zu fein zerkleinert ist. Abschmecken: Die Vinaigrette soll deutlich scharf und sauer schmecken, durch die süßen Komponenten aber gemildert wirken.

TIPP Wer es richtig scharf mag, nimmt jeweils 1 TL grüne und rote thailändische Chilipaste, rührt diese mit der angegebenen Menge Limettensaft und Fischsauce an und kann so im Handumdrehen einen eher langweilig geratenen Kartoffelsalat zu einem Erlebnis machen.

WASABI-DRESSING

Das Dressing passt vorzüglich zu Kartoffeln, die entweder ohne weitere Zutaten oder mit Fisch, Meeresfrüchten oder hellem Fleisch zum Salat zubereitet werden. Es ist einerseits fein und zurückhaltend, andererseits deutlich ausgeprägt in den Aromen – eben typisch japanisch.

Für 4 Personen

1 TL Wasabipuver (siehe Seite 226)
ca. 2 EL Weißwein (feinfruchtig oder trocken)
1 EL Ponzu (fertige Würzsauce; siehe Anmerkung)
3 EL geschmacksneutrales Öl
evtl. Salz
nach Belieben: 1 graue oder violette Schalotte und 2 Stengel Basilikum, Koriander oder Japanischer Wasserpfeffer

Wasabi mit **Weißwein** anrühren und ausquellen lassen. **Ponzu** zufügen und mit **Öl** aufschlagen. Eventuell **salzen** und winzig feine **Schalottenwürfel** und feinste **Kräuterstreifen** untermischen.

ANMERKUNG **Ponzu** ist ein japanisches Produkt, das aus Zitrussäften mit verschiedenen Gewürzen zubereitet wird. Es dient zum Würzen von Fleischgerichten und Anmachen von Salaten. Ponzu gibt es in Asia-Läden, auch in gut sortierten Supermärkten. Man kann sich Ähnliches aber auch selbst herstellen, indem man 2 EL japanische Sojasauce mit 2 EL Sake, 1 EL Mirin, 3 EL Limetten- oder Yuzu-Saft, 1 TL Zucker und einer Prise Chilipulver verrührt.

Mayonnaise selbst machen: Das ist das Einfachste der Welt. Hier Schritt für Schritt das Grundprinzip. So gelingt sie garantiert und man kann die Güte der Zutaten und ihren Geschmack selbst bestimmen.

GRUNDPRINZIP MAYONNAISE

Für 4 Personen

1–2 Eigelb
1 EL Senf
2 EL Weißwein- oder Apfelessig
Salz
weißer Pfeffer aus der Mühle
125–150 ml Öl
1 Spritzer Worcestershiresauce
1 Msp. Cayennepfeffer
nach Belieben 1 Knoblauchzehe und einige Blättchen Basilikum

Alle **Zutaten,** die alle die gleiche (möglichst Zimmer-)Temperatur haben sollten, nacheinander in einen Mixbecher geben und den Stabmixer nach unten drücken. Nun, wie in den Step-Bildern gezeigt, mit dem Mixstab zuerst am Boden alles mixen, erst dann nach oben ziehen und die Mayonnaise aufschlagen.

VARIATION Nach Belieben mit 1 EL **Joghurt** und/oder **Sahne** für einen Salat „verdünnen". Unbedingt von Hand unterrühren, die Mayonnaise verliert sonst ihre schöne Konsistenz.

TIPP Zwei abgewandelte Grundrezepte für Mayonnaise finden Sie auf den Seiten 27 und 42. Auch das Rezept auf Seite 244 ist eine Mayonnaise-Variante. Sie hat es wahrlich in sich und ist als Aioli wohl weltberühmt.

AIOLI - PROVENZALISCHE KNOBLAUCHMAYONNAISE

Ein Grundrezept, bei dem kleine Abweichungen Programm sind: Früher hat man die Sauce mit eingeweichtem Weißbrot gebunden, heute nimmt man stattdessen einen Löffel Dijonsenf. Cayennepfeffer kann oder sollte, muss aber nicht sein. Manche Menschen schwören auf ganze Eier, was die Sauce allerdings flüssiger macht. Andere nehmen, weil rohe Eier in der Gastronomie in vielen Ländern (vor allem Spanien) verboten sind, gar keine mehr – was dann aber nicht wirklich eine Mayonnaise ergibt.

Für 6 Personen

2 Eigelb
1 große Knoblauchknolle (sic!)
1 TL Dijonsenf
1 gute Prise Cayennepfeffer, Chili- oder scharfes Paprikapulver
1 Msp. Safranpulver (wenn vorhanden)
Salz
weißer Pfeffer aus der Mühle
200 ml sehr würziges Olivenöl (z. B. provenzalisches)
1–2 EL Zitronensaft

Eigelb mit dem Schneebesen schaumig rühren, die gesamte Menge an geschältem **Knoblauch** hineinpressen, **Senf** zufügen und mit **Cayennepfeffer** oder **Chili-** oder **Paprikapulver, Safran, Salz** und **Pfeffer** würzen. Nach und nach das **Öl** einschlagen – wird die Aioli-Mayonnaise zu dick, etwas **Zitronensaft** oder auch heißes Wasser zufügen, zum Schluss feinsäuerlich abschmecken.
Oder: Wie beim Grundrezept für Mayonnaise alle Zutaten in einen Mixbecher geben und mit dem Stabmixer zunächst am Boden des Bechers alles zermusen, dann langsam nach oben ziehen.

TIPP 1 EL Joghurt macht die Mayonnaise leichter, allerdings darf man ihn nicht mitmixen, sonst wird die Mayonnaise wieder flüssig. Einfach mit einer Gabel oder einem Schneebesen unterrühren.

ASIENWÜRZIGE MAYONNAISE

Für 4–6 Personen
3 dicke Knoblauchzehen
3 grüne Chilischoten (Thai-Chili)
1 haselnussgroßes Stück Ingwer
1 gehäufte Tasse grob gehackte Kräuter (z. B. Knoblauch-Schnittlauch (chinesischer Schnittlauch), Thai-Basilikum (Horapha), Koriander)
Saft von 1 Limette
1 EL Fischsauce (Nam Plaa oder Nuoc Mam)
1 EL helle chinesische Sojasauce
2 EL Dijonsenf
schwarzer Pfeffer aus der Mühle
1 gute Prise Zucker
1 Eigelb
1 hart gekochtes Eigelb
150 ml Erdnussöl
1 TL Sesamöl

Geschälte und grob zerschnittene **Knoblauchzehen,** entkernte und ebenfalls grob zerkleinerte **Chilischoten,** geschälten und gewürfelten **Ingwer,** die **Kräuter** sowie **Limettensaft, Fisch-** und **Sojasauce, Senf, Pfeffer, Zucker** und schließlich auch die beiden **Eigelb** in einen Mixbecher geben. Das **Öl** angießen und einen Moment sich setzen lassen. Den Stabmixer hineinstellen, einschalten und eine gute Weile laufen lassen, um die Zutaten am Grund des Bechers zu pürieren. Erst dann ganz langsam hochziehen, wobei sich die Mayonnaise festigt und alles vollkommen glatt emulgiert. Die leuchtend grüne Mayonnaise muss jetzt nur noch abgeschmeckt werden: **Säure, Salz** (für manche dürfte das Salz von Senf, Fisch- und Sojasauce schon ausreichen), **Schärfe** und **Süße** in Balance bringen.

VARIANTE Statt der Kräuter 1 EL Wasabipaste (angerührt aus 1 TL Wasabipulver und 1 EL Wasser, Bier oder Sake), statt der Limette Yuzu-Saft, statt Fischsauce und chinesischer Sojasauce mal die klarere japanische Sojasauce nehmen und auf das Sesamöl verzichten – ein damit angemachter Kartoffelsalat schmeckt bestens zu rohem Fisch oder Ceviche.

TIPP Mit dem Stabmixer zerkleinert und aufgeschlagen, hält sich die stabile Emulsion in einem Schraubglas im Kühlschrank mehrere Tage, sogar Wochen.

ZUTATENREGISTER

Wir haben in diesem Buch immer wieder beschrieben, wie aufnahmefähig ein Kartoffelsalat ist, wie sich die geduldigen Kartoffeln immer wieder neu vermählen lassen, auch mit den ausgefallensten und ungewöhnlichsten Zutaten eine glückliche Verbindung eingehen, weil es praktisch nichts gibt, das nicht zu ihnen passt. So lässt es sich unendlich spielen, man kann seine Fantasie laufen lassen und eigene Variationen entwickeln. Dafür kann man sich vom Angebot des Marktes inspirieren lassen oder einfach in den Kühlschrank gucken. Da liegt zum Beispiel eine einzelne Spitzpaprika; auf der Fensterbank steht noch ein Rest vom Basilikumsträußchen, Zwiebeln und Knoblauch sind auch vorhanden.

Also: Schnell ein paar Kartoffeln aufsetzen und gar kochen, währenddessen eine Vinaigrette zubereiten, die aufgezählten Zutaten fein würfeln!

Wenn Sie alles vorbereitet haben, sind auch die Kartoffeln gar, können gepellt werden und alles wird zusammengemischt – in einer guten halben Stunde steht so ein bunter und duftender, köstlich warmer Kartoffelsalat auf dem Tisch – und falls Sie noch einen Kartoffelrest haben, geht's noch schneller. Sie suchen mehr Ideen? Schlagen Sie hier nach, wie Sie Ihre Vorräte aus dem Kühlschrank oder der Speisekammer einsetzen können. Sie entdecken noch ein Döschen Thunfisch im Vorratsschrank? Sie bringen vom Waldspaziergang ein paar Pilze mit, aber nicht genug, um ein Ragout daraus zu machen? In einem Kartoffelsalat kann man sie auf jeden Fall gewinnbringend unterbringen. Und wenn Sie einen Rest gesottenen Fisch haben, dann finden Sie hier auch Hinweise, wie dieser zu einem ganz neuen Gericht wird: Ein Kartoffelsalat schluckt eben einfach alles!

Natürlich sind unsere Rezepte nur als Anregung zu nehmen, sollen Sie inspirieren – variieren Sie mit dem, was Sie im Haus haben und was Ihnen schmeckt. Kleben Sie aber nicht an den Vorschlägen: Ein Rest gebratenes Rindfleisch oder Gulasch im Kartoffelsalat fordert nicht zwingend ein bestimmtes Kraut zur Auffrischung, sondern wird mit jedem Aroma bestens zurechtkommen – und Sie glücklich machen!

WWW.MENGENRECHNER.DE · UNSER KOSTENLOSER SERVICE FÜR SIE

DER EINKAUFS- UND ERNÄHRUNGSASSISTENT FÜR UNSERE KOCHBÜCHER

Abschreiben oder Abfotografieren war gestern

Rezepte aus unseren Kochbüchern lassen sich kostenlos auf www.mengenrechner.de an die Personenzahl und individuelle Portionsgrößen anpassen und als E-Mail auf Ihr Smartphone schicken oder gleich dort aufrufen. Zutaten lassen sich streichen, neue Zutaten ergänzen.

Rezept- und Zutatenfilter

Suchen Sie zum Beispiel nach veganen, vegetarischen, glutenfreien, laktosefreien oder nach Rezepten mit Zutaten, die Sie noch vorrätig haben. Speichern Sie Ihre Lieblingsrezepte und Einkaufslisten.

Persönlicher Ernährungsassistent

Sortieren Sie Rezepte nach Kalorien, Kohlenhydraten, Fett- oder Eiweißgehalt. Berechnen Sie wissenschaftlich Ihren täglichen Kalorienbedarf und -verbrauch. Legen Sie Maximalwerte für Kalorien- oder Kohlenhydrataufnahme fest. Führen Sie Tagesprotokolle mit Nährwertbilanz.

REZEPTREGISTER

DANKE!

Das Büchermachen ist eine komplexe Aufgabe, an der viele beteiligt sind. Da müssen eine Menge Räder genau ineinandergreifen, bis sich alles harmonisch fügt und am Ende gelingt. Wir bedanken uns bei allen Mitarbeitern im Becker Joest Volk Verlag für ihre Geduld, auch bei dem Fotografen Hubertus Schüler, der mit seinem Team unsere Rezepte ins Bild gesetzt und dafür selbst die aufwendigsten Zutaten herbeigeschafft hat. Unser Dank gilt natürlich auch dem WDR, für den wir seit mehr als 32 Jahren unsere Sendung machen dürfen, die Klaus Brock schon seit vielen Jahren als Redakteur betreut – in der auch Rezepte dieses Buches vorgestellt wurden und werden. Und last, but not least bedanken wir uns bei Sara Milena Imhoff, die mit ihrem Team unsere Sendung „Kochen mit Martina und Moritz“ produziert und gestaltet.

Martina Meuth und Bernd „Moritz“ Neuner-Duttenhofer

Bisher erschienene Bücher von

MARTINA MEUTH UND BERND NEUNER-DUTTENHOFER

**Lust auf noch mehr hinreißende Rezepte von Martina und Moritz?
Die finden Sie ganz sicher in dem vielfach empfohlenen Bestseller-Kochbuch der beiden:**

**Kochen mit Martina und Moritz –
Das Beste aus 30 Jahren
Unsere persönlichen Lieblingsrezepte**

28,00 EUR (D), 28,80 EUR (A)
ISBN 978-3-95453-157-8

**Kochen mit Martina und Moritz –
So lieben wir Gemüse
Unsere persönlichen Lieblingsrezepte**

28,00 EUR (D), 28,80 EUR (A)
ISBN 978-3-95453-177-6

BECKER
JOEST
VOLK
VERLAG

Der Verlag dankt Martina Meuth und Bernd „Moritz“ Neuner-Duttenhofer für das Vertrauen, ihr Herzensprojekt, ein Buch über Kartoffelsalate, mit uns zu verwirklichen und ihren schier unerschöpflichen Erfahrungsschatz zu teilen. Wir danken allen Beteiligten, die sich dem Thema mit größter Detailliebe und Ausdauer gewidmet haben: Hubertus Schüler, Stefan Mungenast und Benedikt Obermeier, Danke für die großartige Food-Fotografie und das perfekte Food-Styling. Danke an Doreen Köstler für das sorgfältige Lektorat und Danke an Şebnem Yavuz für das passgenaue Fachlektorat der Rezepte.

Herzlichen Dank auch unserem Team: Danke an Anne Krause für den unermüdlichen Einsatz rund um Layout und Gestaltung, an Maja Filipek für den Buchsatz, an Ellen Schlüter für die Bildbearbeitung, an Valerie Mayer für die Koordination, an Katerina Stegemann und Annika Steinacker für Organisation und Öffentlichkeitsarbeit zu diesem Projekt.

IMPRESSUM

Originalausgabe Becker Joest Volk Verlag GmbH & Co. KG
Bahnhofsallee 5, 40721 Hilden, Deutschland

1. Auflage März 2020

ISBN 978-3-95453-187-5

Rezepte und Texte: Martina Meuth und Bernd „Moritz“ Neuner-Duttenhofer
Food-Fotografie: Hubertus Schüler
Foodstyling: Stefan Mungenast
Foto-Assistenz: Benedikt Obermeier
Porträts: Dipl.-Des. Justyna Schwertner
Reportage-Fotos: Sara Milena Imhoff: Seiten 10, 13, 33, 37, 125 rechts; Martina Meuth, Seiten 36, 91, 157 links, 158
Projektleitung: Johanna Hänichen
Typografische Konzeption, Cover- und Buchgestaltung: Dipl.-Des. Anne Krause
Buchsatz: Dipl.-Des. Anne Krause, Maja Filipek
Bildbearbeitung: Ellen Schlüter und Makro Chroma Joest & Volk GmbH & Co. KG, Werbeagentur
Koordination Fachlektorat: Valerie Mayer
Fachlektorat Rezepte: Şebnem Yavuz
Lektorat: Doreen Köstler
Druck: Firmengruppe Appl, aprinta druck GmbH

Für das WDR Fernsehen wird die Sendereihe „Kochen mit Martina und Moritz“ von Imhoff Realisation hergestellt, Regie und Produktion: Arno und Sara Milena Imhoff, Redaktion im WDR: Klaus Brock.

www.apfelgut.de
www.martinaundmoritz.wdr.de
(alle Rezepte und Videos aus den Sendungen und Newsletter abonnieren)

BECKER JOEST VOLK VERLAG

WDR FERNSEHEN

WWW.MENGENRECHNER.DE
UNSER KOSTENLOSER SERVICE FÜR SIE
kcal

Ausführliche Infos
Seite 251